歴史文化ライブラリー

163

書物に魅せられた英国人

フランク・ホーレーと日本文化

横山學

吉川弘文館

原則として、初版で掲載した口絵は割愛しております。

目次

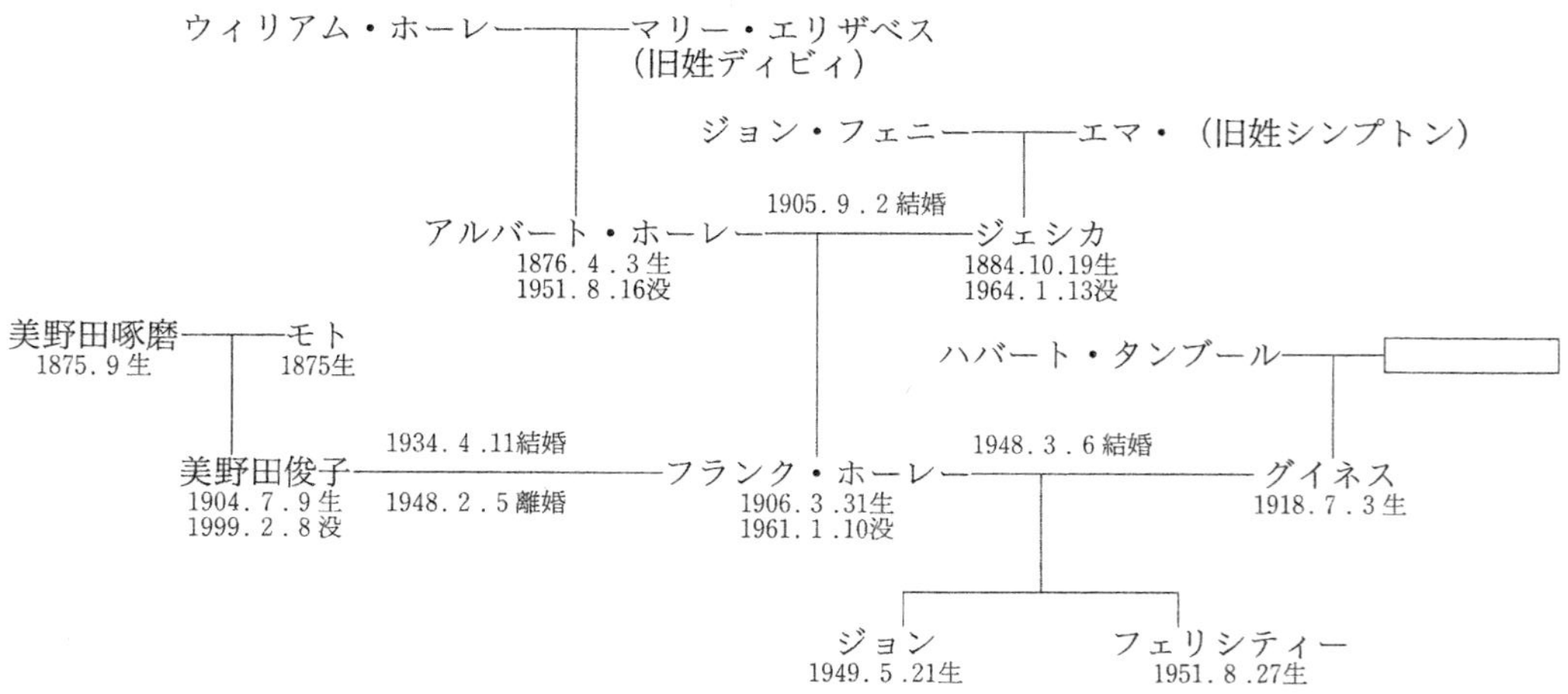

〔フランク・ホーレー関係系図〕

フランク・ホーレーとの出会い――プロローグ

一九六一年（昭和三十六）一月十三日、『ザ・タイムズ』紙（*The Times*）にフランク・ホーレー（Frank Hawley）の追悼記事が掲載された。

ホーレーの経歴

日本研究家にしてジャーナリスト

著名な日本研究者であり、一九四五年より五一年までザ・タイムズの東京特派員であったフランク・ホーレーが、去る火曜日、京都の病院で死去した。共同通信提供。五十四歳であった。彼は一九〇六年三月三十一日、ダーラムのストック・オン・ティーズでアルバート・ホーレーの息子として生まれ、リバプール大学とケンブリッジ大学で学び、現代言語において首席をとり、またパリ大学とベルリン大学で学んだ。一九三〇年に日本へ渡り、その後の一〇年間はさまざまな教育職につき、東京外国語学校および東京文理科大学の講師を勤めた。その間、日本語と日本文学の研究に没頭した。図書や文献の熱烈なる蔵書収集によって、研究者としてまた翻訳者として高名となった。三年間、研究社で刊行された日英辞典の編集を行なった。

一九三九年より一九四一年まで、英国文化研究所の主任およびイギリス大使館情報省情報委員会の委員を勤めた。一九四一年十二月八日、憲兵隊に逮捕され、八ヵ月を独房に監禁されて過ごし、一〇〇日以上にわたる訊問を受けた。このことについて、「日本人の考え方に対する理解を随分と深めた」とのちに記している。一九四二年、彼は他の在日イギリス大使館員と共に送還された。しかし、約一万冊からなる蔵書は日本に残して行くことを余儀なくされた。その後、蔵書は彼の認知もしくは同意なしに日本政府によって売却された。戦後、蔵書の幾分かは彼の元に返還された。

イギリスに戻り、短期間ロンドン大学の教員となった後、日本語放送の技術的かつ言語的助言者としてBBCに勤め、外務省で終戦を迎えた。一九四六年三月、ザ・タイムズに入社し、数ヵ月後の同年七月に特派員として日本に戻った。彼が親しくしていた国は、今や圧倒的にアメリカの影響下にあり、成り行きがどのようになるのか必ずしもはっきりしてはいなかった。彼は『ザ・タイムス』紙の読者に向けて、戦後日本の変化する様相を生き生きと描き、絶え間なく生じる微妙な状況を詳述することに没頭した。しかしながら、彼の記事が常にマッカーサー元帥に気に入られたというわけではない。元帥は一九五〇年、ホーレーの記事の一節に腹を立て、駐日イギリス連絡代表部に不快の意を示した。ある議員たちはこの行為を特派員の権利への不当な干渉であるとみなし、議会において六月末にいたるまで数日間にわたり質疑が行なわれた。外務省次官アーネスト・ディビス氏は答弁の中で、最高司令官の発言はザ・タイムズ社に伝えられたが、いかなる勧告もなされず、なんらかの措置を取るべきであるという示唆もなかったと述べた。ホーレーは日本の歴史・文献・文学について多数の記事を送った。（*The Times*; 1961/1/13）

フランク・ホーレーは、ザ・タイムズ社がはじめて東京に派遣した特派員である。ホーレーの名を一躍有名にしたのが、いわゆる「ホーレー事件」であった。ある報道記事に腹を立てたマッカーサーが、ホーレーを「好ましからざる人物」と見なし、暗に処分を求めたのである。これが大問題に発展した。イギリス議会では「わが国の特派員に関する不当

図1　書斎のホーレー（代々木上原の自宅）

な干渉」として数日にわたる質疑が行なわれ、各国の新聞も「報道への弾圧」と書きたてた。

ホーレー自身はいわゆるジャーナリストとして特に優れていたとはいえないかもしれない。若き学究の徒として一〇年間を日本で過ごしたホーレーの関心は、常に日本の文化と書物に向いていた。「日本通《つう》」の記者として、文化的側面について深い内容の記事を送ったのである。

今日、フランク・ホーレーの名を知る人は少ないが、古書界では稀覯本《きこうぼん》のコレクターとして、名が通っている。ホーレーの蔵書印「宝玲文庫」が押された書物は、善本であると見なされる。また、琉球・沖縄の研究者にとってホーレーは、ハワイ大学の琉球コレクション「宝玲文庫」の旧蔵者として知られている。多くの歴史資料が戦禍《せんか》で失われた現在、「宝玲文庫」は世界でも数少ない琉球関係の特殊コレクションの一つであり、稀覯本を含む貴重なものと高く評価されている。

しかし、フランク・ホーレーが、追悼文に記されたような日本研究家であったことは、ほとんど知られていない。ホーレーが集めた「宝玲文庫」を、コレクションとしてではなく、研究者の蔵書として見直したとき、私には強く感じるものがあった。宝玲文庫はホーレーが自らの関心のもとに長い年月をかけて集めたものである。蔵書のあり方そのものが、ホーレーの求めていたものを訴えかけてくるようであった。それは、筆者が持ちつづけていた関心と共通する、という直感があった。フランク・ホーレーとはどのような人物だったのか。何を求め、何をなそうとしていたのかを知りたいと思ううちに、長い時間が経ってしまった。

ハワイ大学にて

「ハワイ大学に立派な琉球コレクションがある」と、西山松之助教授から教えられたのは、博士課程に進んで間もないころであった。当時、琉球と日本との文化交渉を研究しており、琉球・沖縄関係の図書が所蔵されていると聞くと、カメラを持ってどこへでも駆けつけた。沖縄から青森まで、数多くの図書館を巡り、近世の琉球史料についてはかなり把握していたつもりであった。そんな時に、この言葉を聞いたのだ。どんな史料か、誰が集めたものか、どれだけの冊数なのか、何もわからないまま取るものも取りあえず出かけていった。

目的の琉球コレクションは、ハワイ大学の構内にある夏期大学の一室の壁面の書架に収められていた。観光地ワイキキ地区から車で一五分ほどの大学のキャンパスは、一面の芝生。定期的に吹き上がるスプリンクラーの飛沫《ひまつ》が眩《まぶ》しく反射し、いくつもの虹をつくり出していた。大きく目立つガジュマルの大木の傍《かたわ》らにプランテーション時代の平屋《ひらや》木造建築が並んでいた。そこが、かつての夏季大学の本部で、現在はアウトリーチ・カレッジ（市民大学）と名称が変わっている。

昼を過ぎた強い日差しをガラス窓の外に感じながら、壁の書架に近づいた。見慣れた表題の図書や史料はもちろん、書名だけを知っていたもの、まったく初めて見るもの、図書・史料・地図・写真など、同じ表題でも体裁《ていさい》の異なるものが何点もある。その数、約二〇〇〇点。ハワイ大学の片隅《かたすみ》、木造立ての一室に、「琉球」の世界がそのままに広がっていた。まさに、「宝の山」に踏み込んだというのが実感であった。

図2　ホーレーの著書『日本の鯨と捕鯨』

書架の全面に並べられた図書資料。和本も洋装本も背文字を向けるようにして整然と縦置きに並べられている。大型本、巻物や折本《おりほん》様の体裁のものは青色のキャビネットの中にあった。和書の書帙《しょちつ》にテープが張られ、無造作に記号が書き込まれている。一見したところ、課題図書をまとめた研究室のようにも見えたが、手にとってみて驚いた。和書はすべて藍染《あいぞめ》の木綿《もめん》生地で誂《あつら》えた書帙で保護されており、その帙の寸法や色合いが微妙に異なっている。さらによく見ると、必ずしも同じ布生地を使っているわけでもなく、また、日焼けの具合から一時期に作成されたものでないこともわかる。つまり、長い時期にわたって腕の良い職人によって随時作成されているのだ。この書帙を作成したのは、

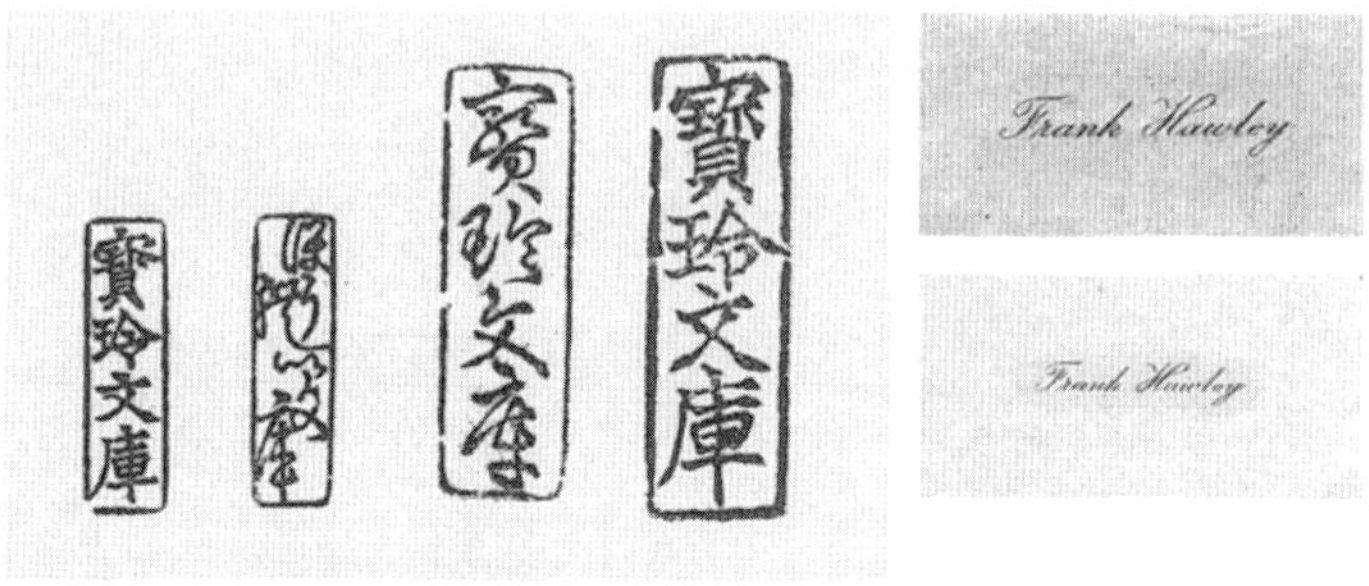

図3　ホーレーの蔵書印とエクス・リブリス（蔵書票）

「昆」という名前の変わり者であったと後に知った。内容はといえば、琉球・沖縄に関わるあらゆる種類の資料である。表題から内容を推測できるものばかりではない。琉球に寄航した探検船の記録、沖縄特集を含む雑誌、グラビア誌、古地図、国絵図、紅型《びんがた》織りの見本、金石文《きんせきぶん》の拓本、日本語、英語、フランス語、ドイツ語のものまで揃っている。

ページをめくると、朱色や墨色で几帳面《きちょうめん》に押された蔵書印「宝玲文庫」が目に映る。そこにはしっとり紙に馴染《なじ》んだ朱色の蔵書印が捺《お》されている。一つ、二つ、三つ。右下にある印が最初の蔵書者で、その上部や上段に捺されている印はその後の持主だ。一冊の本の歴史がそこには捺されている。蔵書印にもそれぞれ個性がある。この本の旧蔵者は、漢籍には墨印を和書には朱印を、そして洋装本には名前だけをエッチングした小さな和紙のカードを、ひかえめに表紙に貼り付けている。左下の、ちょうど指の触れる辺りが少し擦れて汚れている。よく読まれたのだろう。その箇所にそっと指を触れてみると、何となく温かいような感じがする。ページをめくっていくと、古くなった紙切れや、銀杏《いちょう》の押葉が挿まれていることもある。旧蔵者の心が伝わってくるようだ。こんなに本を大切にしたのはどのような人物であろう。こんな集め方をしたのは、いったい何故だろう。この膨大な琉球コレクションと、これを集めた人物フランク・ホーレーについての興味が私の中に深く根を下ろしてしまったのである。

この「出会い」が私をその人物の研究へ導いた。その人物を知る人に会い、さまざまに問いかける。ほとんどの人が初対面の私に、格別の親しさで彼のことを語ってくれる。しだいに私の中でその人物のイメージが育っていく。尋ねた相手が、逆に私に問いを投げ掛けてくる。自分の中で蓄積している情報を整理して、根拠を示しながらその人物を語る。相手と私の頭の中に、「彼」の姿や肉声が共に蘇《よみがえ》る。実は私にとっては、「蘇る」はずはないのだが。

はじめての「出会い」から二〇年。私はずっと「彼」を身近に感じている。すると、不思議なことに、捜さねばならない文献、会わねばならない人びととの関係が自然に開けてくる。こうして、何かに導かれるように、フランク・ホーレーの生まれた土地ノートン

(Norton) へ向かうことになった。

ホーレーの生地ノートン

ひとりの老紳士が目の前に現れ、やさしい口調で「フランクのことを尋ねているのは君か」と語りかけた。その声は、まるで日本語のように自然に聞こえた。少し大柄で細身、白髪かもしくは銀髪、濃いグレーの上着にノーネクタイ、片手に買い物の袋を下げて、傍を通り過ぎたところで立ち止まり、振り向きざまに話しかけてきたのだ。彼はホーレーの生まれ育った家の近くに住み、年齢も同じで、幼馴染《おさななじみ》であったという。ホーレーは成績が良かったので上の学校へ進んだが、自分はそのままこの町に住みつづけている。それだけを話すと、彼は路地の奥へ消えていった。実はこの前日の夕方、私はこの近辺を散策し、ホーレーの家族の消息を尋ねて廻った。それを聞き知った老紳士が声をかけてくれたのであろう。この幻を見たような感覚を、今も忘れられないでいる。老紳士と出会ったのは、ノートンという町のスタンレー通り (Stanley Street) の一角であった。語る言葉が日本語に聞こえたのはまさしく錯覚であったが、彼の出現は現実であった。ホーレーはここで生まれ、育ったのだった。

フランク・ホーレーの足跡を求めてイギリスへの旅に出たのは、一九八六年（昭和六十一）八月のことであった。ロンドン市内で簡単な調査を済ませた後、キングスクロス

(King's Cross) 駅を午前七時過ぎの特急インターシティーに乗ってノートンへ向かった。なだらかな丘陵を幾つも越えて列車は北へ進む。約三時間の後、ダーリントン (Darlington) 駅に到着、次にミドルズブラ (Middlesbrough) 行の各駅停車に乗り換えて東へ向かい、少し手前のソーナベイ (Thornaby) 駅で下車、さらに乗り換えて、ストックトンオンティーズ (Stockton-on-Tees) 駅に向かった。ミドルズブラは小規模の都会で、十二世紀からの鉄鋼業の中心地である。そういえば、ホーレーの母ジェシカの肖像写真を見たことがある。若いころのもので、胸に花を飾り、正装をした横向きの画像だ。この写真を撮った写真館の住所がミドルズブラであった。帰路に探してみたが、写真館は見つからなかった。この町に比べればストックトンオンティーズは小さな町で、目指すノートンはさらに小さくまとまった、まるで絵本に出てくるような町である。

スタンレーストリート五六番地

ストックトンオンティーズからノートンへはタクシーで向かった。ホーレーの育ったころなら馬車か。ノートンは昔からの面影を漂わせる美しい町である。小さな池を中心に、ザ・グリーン (The Green) と呼ばれる文字どおりの芝生公園があり、近くに古い教会もある。町の中心はこのあたりで、ザ・グリーンから大きな道が放射状に広がっている。中央道路には郵便局・

図４　ザ・グリーン

図５　生家のあるスタンレーストリート

銀行・不動産屋・パン屋・レストランなど、町が必要とする商店の機能がここに集中している。この道を外れると、住宅街となり、店屋は一軒も見当たらない。ザ・グリーンから北に歩くこと一〇分ほどで、スタンレー通りに行き着く。ゆったりとした路幅の両側に、棟続きのレンガ造り二階建ての建物がずっと続いている。三分の二ほど行過ぎた左手の一角にホーレーの生まれた五六番地があった。表通りは近代的な舗装がされているが、裏道は往時のままの石畳で、馬車の車輪の幅に敷石は磨《す》り減っており、雨水がその窪《くぼ》みを埋めている。家屋の裏口は小さな庭を介してこの路地へ通じている。この路地に立つと、時の流れを忘れてしまいそうである。五六番地を訪ねてみたが、現在の住人はオーストラリアへ旅行中と隣人から聞き、詳しい話は得られなかった。翌日、町の図書館で選挙人名簿から後の住人の変遷を確認しえた。

母ジェシカ（Jessica）の墓碑は、ザ・グリーンの隣にある教会の一隅にあった。この教会は町では最も古く、十六世紀に建てられた小さな聖堂がそのままにある。ホーレーが亡くなってからのちのジェシカの消息は不明であったが、亡くなっているとすればきっとこの地に墓碑があると思い、三ヵ所ある教会のうち一番古そうなこのセントメリー教会（St.Mary Church）を最初に訪れたのだった。礼拝が終わった時分であった。建物から牧師が現れたのを幸いに、訪問の趣旨を告げると、牧師は親切にも記録を探しだすことを約束してくれた。翌朝、待ちかねて電話すると、すぐに来るようにとのこと。再び牧師館を訪れると、そこには分厚い埋葬記録が用意されていた。牧師の指差すところに、まさしくジェシカ・ホーレーの名前があった。牧師の後に続いて教会の庭を横切ると、外壁近くの片隅に、半ば枯草に覆われて三基の墓碑があった。牧師は無造作に足で枯葉を払いのけた。左端の一基が、ジェシカのものであった。石には生年と没年しか刻まれていない。死を悼《いた》む近親者がすでにいなかったことを意味するのであろう。一九六四年一月十三日という日付を見て、私は胸を衝《つ》かれる思いがした。息子フランクの死亡広告と弔辞《ちょうじ》が『ザ・タイムズ』紙に掲載されたのが、一九六一年一月十三日であった。独り息子を偲びつつ、その死を知ってちょうど三年目のこの日に逝った母の寂しさを、思わずにはいられなかった。

母ジェシカ

ホーレーは晩年、家族について、次のように語っている。「父母は、父が亡くなるまで四六年間ばかり、一緒に結婚生活を営んでいたわけですが、家庭は中流の家庭でいわゆる普通の家庭であったと思います。普通の典型的な中流家庭と比較すれば、母というのは大変学問が好きで、家に書庫をこしらえておったくらいです。この性質を私は受け継いでいるように思えます。また、母のイングランドの生家には三〇〇〇巻からの蔵書があります。なお、父母は四十六、七年間、時々は喧嘩《けんか》もしましたが幸福な家庭であったと思います」。

ホーレーの生家を探し当てたとき、その蔵書はどのようになったのかを、隣人が教えてくれた。父アルバートが亡くなり、母ジェシカも亡くなって、この家は無人となった。幾度も泥棒が入り、そのたびに多くの書物を運び出すのを目撃したという。この小さな町から、ほとんど出ることなく過ごしたジェシカが終生大切にした蔵書を、他人が持ち出したと聞いたときは、無残な思いがした。しかし、住む人のいない家の中で朽ちてゆくより、廻り廻って読書好きの誰かの手に渡るほうがむしろ望ましいのかもしれないと思い返し、少し心が軽くなったのであった。

大学に進んでからはほとんどノートンに住むことのなかった一人息子に、ジェシカは愛情のこもった手紙を書きつづけた。戦後のものだけでも、一三〇通を超えている。イギリスでも戦後直後の生活は厳しかったが、『ザ・タイムズ』の特派員となって活

図6　母ジェシカ

躍する息子は誇りであった。「私の専属の特派員から報告を受けるのですから、それは大変自慢できることであり、また大変幸せなことなのです。このことがなかったならば、私はずっとかわいそうな婦人のままでしたでしょう」。「私はたびたび店に出かけて、新聞が届けられていないかどうかを確かめるのです。私は何一つ見逃したくはありません」。ノートンの町にさほど多くの読者がいたとは思われない『ザ・タイムズ』紙を、町のスタンドで毎日買い求める。内に誇らしさを秘めて、新聞を抱いて自宅に急ぐ姿。"From our Correspondent Tokyo."（本社東京特派員発）の文字を食い入るように見つめる表情。母親の思いが、手紙の中から蘇ってくる。忙しい息子は筆不精で、母が催促してもなかなか返事を書かない。それを補うようにたまに電報を打ち、プレゼントをデパートから送らせた。一番喜んだのは、最初の著書『英国軍医の日記』（『日本雑記』第一集）が完成したことを知らせたときであった。「お前が小さな本を書き上げたということを知った時の私のうれしさは、とても言葉で表せません。こんなにうれしいことは、お前が学位をとって以来のことです」。ホーレーは人生の半分以上を日本で過ごしたが、イギリスの生家に母がいて、いつも自分を思っていてくれることが、大きな支えであったのだ。

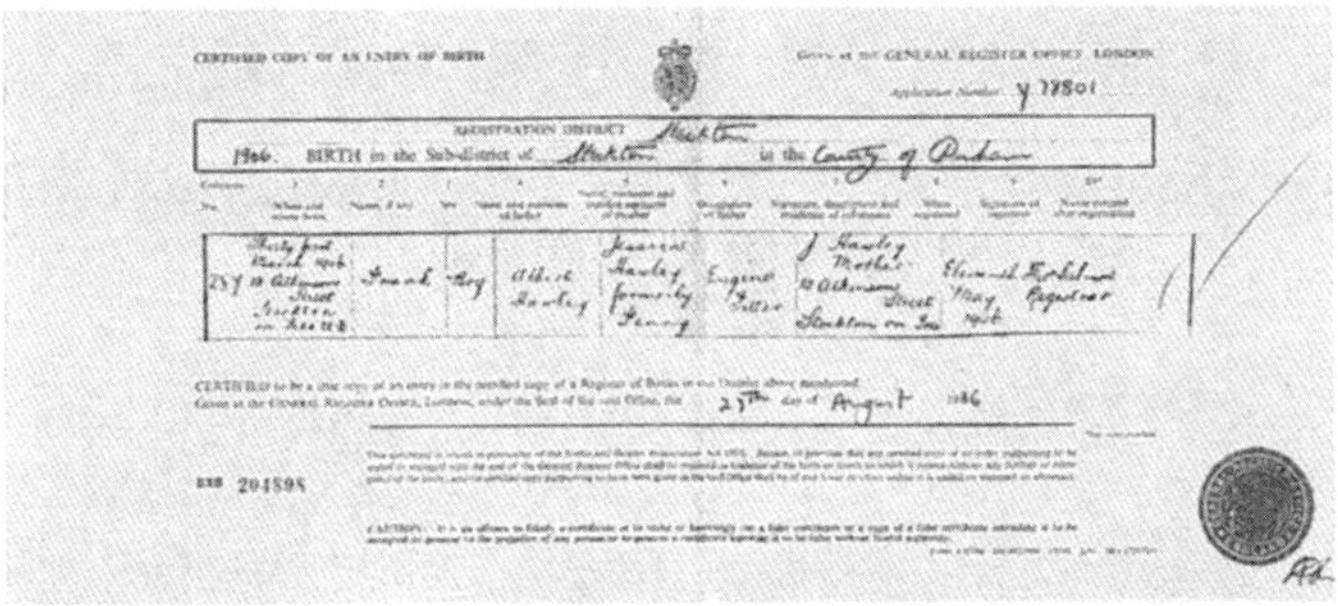

図７　ホーレーの出生証明書

ロンドン

ロンドンに戻った私は、ホーレーの記録を求めてジェネラル・レジスター・オフィス（登記所）を訪ねた。イギリスでは、「出生」「結婚」「死亡」が個々に記録される。日本のように一枚の紙から人の一生を知ることはできない。また、個人の記録であるから、兄弟を含む家族のまとまりもわからない。ただし、たとえば、誕生の記録には届出日・氏名・住所と、両親の氏名・住所・職業・出生地、記録者の氏名が記載される。大判の年度別索引を引き、本人を確定して、記録の写しを窓口に請求する。次に、本人の記録と索引から両親を確定して写しを請求し、さらに祖父母を探す。このようにたどっていくのであるが、写しの発行に一週間ほどかかるので、実際にはかなりの時間を要する作業であった。但し、一八三〇年代以前の記録は、制度上存在しない。

言語学者ホーレー

言語学者を目差して

リバプール大学に学んで

リバプールの名称は、ビートルズを聴いて育ったものにとっては不思議に懐《なつ》かしい響きがある。あの綺麗なハーモニーの中から浮かんでくる石畳と古い街並み。坂と港の町。幕末から明治にかけて、新しい西欧の知識を求めて多くの若者が夢を抱いて最初に上陸した西洋の港。新天地を求めてアメリカ大陸へ渡っていた開拓者たちが立寄った最後のイギリスの地。ここは、いまも昔の面影《おもかげ》を残している。イギリスで一番大きな大聖堂（Anglican Cathedral）が七四年間もかけて建造された。かつて大いに活躍した造船ドックは、現在ではコンベンションの会場となり、そこには「移民博物館」が併設されている。イギリスから新大陸へ旅立った人たちの足跡が、さまざまな歴史資料として展示されているのである。この地の大学で、フランク・ホーレーは青春期を過ごした。

フランク・ホーレーの学生時代を知りたくて、リバプール大学を訪ねた。何の確証もないまま、リバプールの駅から、何度も電話を掛けて、やっと受け入れてもらえる大学の事務所を捜し当て、いわば強引に乗り込んだのだった。赤レンガの低めの校舎が立ち並ぶキャンパスの一隅に、事務局はあった。ぶしつけな訪問にもかかわらず、その対応は親切で、ホーレーの経歴と当方の調査目的を告げただけで、書類のある場所に案内された。大学には、学生になれば必ず作成される在学記録と卒業論文が保管されているはずだ。在学の記録には、登録科目、学業成績、指導教授、住所、出身高校の名などが記録されている。

ホーレーの学生記録から次の事柄がわかった。ホーレーは一九〇六年（明治三十九）三月三十一日にダーラム州ノートンで生まれ、ノートンオンティーズ小学校（Norton on Tees Elementary School）を卒業し、一九二二年にはストックオンティーズ男子中等学校（Stock on Tees Secondary School Boy's）に、そして翌年にオクスフォード高等学校（ラテン語専攻）（Oxford Senior School 〈Distinction in Latin〉）に合格した。地元の小学校・中学校を卒業したホーレーは、大学進学の資格を得て、十八歳で一九二四年九月二十九日にリバプール大学へ進学した。ノートンからはロンドンよりもマンチェスターやリバプールの方が距離的に近い。ノートンから少し北に行けば、神学で有名な大きな大聖堂を併設するダーラム大学がある。ラフカディオ・ハーン（小泉八雲《やくも》）が青年期を過ごした大学である。

ホーレーはリバプール大学に二年間在籍し、フランス語を専攻した。毎年、各種の奨学金を得、卒業のときは優秀賞も獲得した。三年目からフランスやドイツの大学に留学し、帰国後はケンブリッジ大学のピーター・ハウス・カレッジにも在籍した。フランスで何を学び、ドイツでどのような人と出会い、ケンブリッジでどんな生活をしたのか。あの中庭を囲んだピーター・ハウスのどこに住まったのであろうか、興味は尽きない。このころの彼は何に関心を向けたのだろうか。手がかりは卒業論文にあった。

大学の図書館には当時の卒業論文である学士学位論文が保管されている。ホーレーの卒業論文はすぐに見つかった。枚数にして八六枚。フランス語で記され、題目は「フランス十八世紀における言語理論の研究補考」。一九二七年の提出である。ホーレーは留学先のフランスでポール・ペリオ（Paul Pelliot）と出会っている。ペリオはフランスの東洋学者で、一九〇六年に中央アジア探検隊を率いて東トルキスタン各地の遺跡を調査し、古文書・古写本・木簡《もつかん》・絵画・彫刻など多数を発見した。敦煌《とんこう》の千仏洞《せんぶつどう》で、多くの写本や文書を収集した。敦煌莫高窟《ばっこうくつ》文書を発見したペリオは膨大な文書を分類整理し、広い研究分野に実証的な研究方法を打ち立てた。ホーレーがパリを訪れた時期のペリオは、学士院会員となり研究者として絶頂期を迎えようとしていた。この出会いは、ホーレーの学問を知るうえでも、後にホーレーが作り上げた蔵書、宝玲文庫の全容を理解するうえでも、重要なヒントを与えてくれる。

ホーレーの蔵書（宝玲文庫）の全体を見渡すと、生涯を通じて収集された蔵書は、太平洋戦争を境に内容が異なっている。戦前のものには基本的な研究図書のほかに古辞書・古活字本・本草《ほんぞう》・蝦夷《えぞ》・アイヌ・琉球・朝鮮などが含まれている。さながら小規模の大学図書室と特殊文庫の姿であった。日本人の研究者には思いもつかないほどの広がりである。戦後に集めたものには稀覯本《きこうぼん》が目立ち、重要文化財に匹敵するものもある。文献学を学んだ青年ホーレーが高給を注ぐかたちで買い集めた蔵書は、瞬《また》く間に小さな研究所並みの蔵書群となった。その内容と特徴については、彼がペリオの下で文献学を学んだことを考慮すれば、納得がいく。

吉武三郎との出会い

ドイツ留学から帰国したホーレーは、ロンドン大学で吉武三郎《よしたけさぶろう》と出会う。吉武はペリオと並んで、折にふれてホーレーが恩師として人に語った人物である。吉武について知る材料は乏しい。彼は軍艦の機械技師として大正五年（一九一六）にイギリス海軍省に招かれて渡英した。ロンドン大学の戦中日本語学校に詳しい大庭定男《おおばさだお》の著書には、吉武は「一九二〇年以来、日本語と満州語を教え、一九四二年、在職中に死亡」「学問一途《いちず》で日本人社会との付き合いはなかった」とあり、ロンドン大学に関わったのは、一九二三年からであるという。同僚のダニエルズ（J. Daniels）教授の評は厳しい。ダニエルズによれば、吉武は満州語の講座は持たなかった。また、当時の日本における研究状況を充分に把握しておらず、彼の孤独を好む人柄が問題であったと指摘している。その一方で、短い付き合いにもかかわらず学内の人びとは、彼の人間性と、教師として、研究者としての存在に強い信頼を寄せるようになった。しかし、晩年は痛ましく、ついに講師身分のままで大学を去った、と記している。いうなれば、人間関係に偏りをもった日本語の言語学者であったが、彼に惹《ひ》かれる友人も少なからず存在した。しかし、たえず研究領域についての情報を獲得するという、大学における学問的資質には欠けるところがあった、というべきかもしれない。吉武は署名にS. Yoshitakeを用い、姓名を記したものはほとんどない。この人付き合いの苦手な吉武とホーレーとは通じるところがあった。ホーレーが最初の研究論文に吉武を引用し、自らの専門を「満州語」としたのは、吉武との親交があった故であろう。

日本へ

学籍の上ではリバプール大学の大学院に進学しているが、二年をへたこの学園にホーレーの姿はない。パリ大学、ベルリン大学、ケンブリッジ大学をへて、ロンドン大学で満州語の講師をしていたときに、日本へ行く機会が巡ってきた。日本から音声学協会の仕事で遊学中の千葉勉《ちばつとむ》がロンドンを訪問し、ホーレーの「東京外国語学校英語教師」の話が決まった。同僚となった荒牧鉄雄《あらまきてつお》は、千葉教授が「大した拾い物をした」と偶然に出会ったホーレーの能力を高く評価していたことを語ってくれた。

晩年のホーレーは、当時のことを次のように述べている。

仏国と英国との共同推薦の下にフランスの大学で一年間勉強しました。当時私は、中央アジアの語学に興味を感じておりましたのでペリオ教授の下で中央アジアの語学を研究し、同教授の推薦によってドイツのベルリン大学に送られ、ベルリンの大学から帰ってケンブリッジ大学で中央アジアの語学を研究する奨学金を得、同学を出たときその語学の教師に任命されました。私はロンドン大学で助教を一年間勤め、日本の文部省からロンドン大学に向けて二、三人の英語の教師を欲しいといってきたとき、私は喜んで、一九三一年十月ごろに日本にやってきました。

言語習得に天才的な能力を持ち、文献学の研究に魅了されて留学を重ねたが、リバプール大学を遠く離れてしまったホーレーは、「学位」からも遠ざかった。「学位」の問題は彼にとっての大きな課題となって生涯つきまとうことになる。広い視野から彼の研究方法に指導や助言を与えてくれる師がリバプール大学にいたなら、研究者としての経歴を重ね、大学人としての要件であるPh. D. 学位を獲得する道も開けたであろう。社会人として研究活動を続けるか、大学に籍を残しながら学究に励むかの選択は現実生活において大きな差を生じることになる。授業料や研究費、生活費は実に深刻な問題であった。

「歴史資料」はホーレーを魅了した。ポール・ペリオの下で膨大な数の敦煌文書を目にし、それに圧倒されたに違いない。「本物」の資料のみが持つ独特の存在感。インクや墨の色、黴臭《かび》さの混じった史料の持つ独特の香り。所蔵者の痕跡を示す蔵書印や書き入れ、手擦《てず》れの跡。何世紀もの時間を超え、言語さえ習得すればその世界に迫ることができる。資料に直接に触れる者だけが知る楽しみである。文献研究の世界は、国境も階層も学歴も関係のない世界だ。青年フランク・ホーレーを自由の世界に導いてくれる扉が、そこに開かれていたのであった。

ホーレーはシベリア・満州鉄道を経由し、朝鮮半島を縦断する路線で日本へやって来た。彼の来日した一九三一年は、昭和六年。この年の九月十八日には中国奉天《ほうてん》郊外柳条湖《りゅうじょうこ》の満鉄線路が爆破され、満州事変が始まった。最も不安定な地帯を、その時期に通過しているのである。東洋言語を研究し「満州語」を専門としていたホーレーは、多くの情報を得たに違いない。ホーレーが日本に来た理由は他にあると推理する人たちもいた。「ホーレーはイギリスのスパイだったのではないか」と。開戦直前のスパイ容疑による逮捕の報道を聞いた日本人たちは、そのように噂した。しかし、確証にいたるものは何も存在しない。東京外国語学校に提出された履歴書には、満州事変勃発の九月十八日に「任官」とある。

お雇外国人英語教師として

美野田俊子との出会い

昭和六年（一九三一）秋、青年フランク・ホーレーは日本にやって来た。二十四歳。来日後間もなく美野田琢磨《みのだたくま》の長女俊子《としこ》と出会った。ホーレーは、日本へ向かう途中、シベリア鉄道の車中で松野正志《まつのまさし》と知り合った。松野はこれから知る人もない日本に向かうホーレーに、自分の伯父美野田琢磨宛の紹介状を書き与えた。到着まもなく、ホーレーは虫垂炎を患い横浜の病院に入院した。俊子が父の言い付けでホーレーを見舞い、看病したのが出会いである、という。俊子は、ホーレーに日本語を教えた。タバコの空き箱の裏をカードにして、単語を書き込んでは覚えていたという。ホーレー自身も、「私の日本語の獲得は彼女に負うところが大だ」と語っている。日本語で記されたそのころのホーレーの書簡には、女性的な言い回しが含まれ、言葉遣いに優しさを感じた人もいた。

美野田琢磨は成功した実業家であった。琢磨は明治八年（一八七五）に宮城県丸森の森家の次男に生まれ、美野田家の跡取養子となった。第二高等学校から東京帝国大学工科大学へ進み、明治三十二年（一八九九）に土木科を卒業した。鉄道院に入り、台湾鉄道の敷設工事に関わり退職。三十代にアメリカで鉄橋について、イギリスでトンネルについて自費渡航して学んだ。京都で「いなば組」を設立し、逢坂山《おうさかやま》トンネルの工事を請け負い六〇万円の赤字を出し倒産したが、大正二年（一九一三）に「工業商会」社を東京で設立。交友関係の広い知識人で英・仏・独・エスペラント語に通じ、蔵書家でもあった。「美野田家文庫目録」には、五〇〇件以上の洋書と和漢満蒙西域関係の書名が見えている。これらの書物は、後に「宝玲文庫」に加えられた。母モトは松前子爵の娘で、当時として最高の教育を受けていた。語学に堪能で、英・仏・独・伊語の他に、エスペラント語に通じた。バイオリン、ピアノ、絵画の趣味を持ち、外遊の経験もあった。俊子は今里（白金）の自宅から聖心学園に通い、家はメソジスト派であったがクウェーカー派の普連土《フレンド》学園で学び、静岡の双葉学園に進学した。その後、オクスフォード・セントマーガレット・カレッジで学ぶために、アメリカを経由してイギリスに渡る予定であった。その前に体験として上海旅行を試みるが、船上でチフスの疑いをかけられ、上陸できずに帰国した。その結果、渡英の計画もなくなった。そして、ホーレーと出会い、三年後に結婚した。結婚後、妻俊子はホーレーの日本語の上達を助け、父琢磨の援助を受けながら英語の家庭教師をして、経済的にホーレーを支えた。「父美野田琢磨は、ホーレーの義父となることで、日本における生活と仕事の経済面を、ほとんど全部負担する仕儀になりました」と俊子は語る。ホーレーは美野田家によって、日本における文化的人間関係を広げたのである。

外国人英語教師

ホーレーが東京で外国人英語教師として最初に教壇に立ったのは、東京外国語学校と東京文理科大学の二ヵ所である。三年後には契約を終えて、京都へ移り、第三高等学校でも一年間教えている。それぞれの大学には、就職時に提出した履歴書や雇用契約書が保管されている。前者は現在の東京外国語大学と筑波大学の大学文書課に保管されていた。後者のものは、京都大学文書課にあった。これらの書類を見ると、東京外国語大学と第三高等学校では、週二四時間以内の授業に対して月額三七五円と宿舎料四〇円の給与を得ている。東京文理科大学からは講師料として年額一六五〇円が支払われている。第三高等学校からは、一年間ではあるが月額四〇〇円のほかに契約

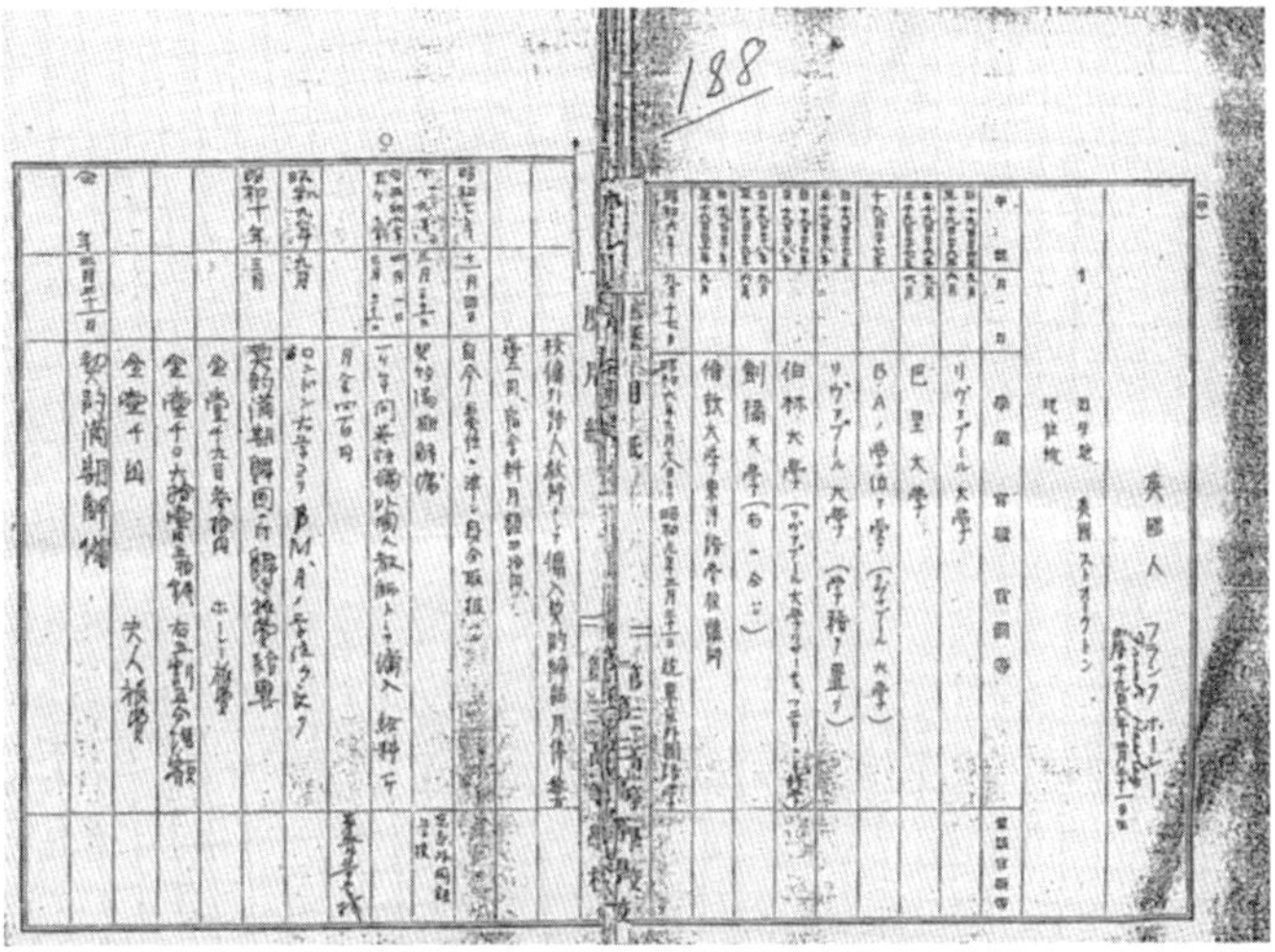

図8　第三高等学校履歴用紙

満期帰国旅費として一九三〇円、この五割五分の割増として一〇六一円五〇銭、さらに夫人の旅費として一〇〇〇円が支払われている。概算すると、この四年間で平均して月額五〇三円となり、当時の大卒銀行員の給与が七〇円であったことを考えればかなりの高給を得ていたことになる。これは、ホーレーが特別であったわけではなく、他の外国人教師たちもほぼ同様の待遇を受けていた。イギリスでの奨学金による生活を脱したホーレーの日本での生活は、こうして開始された。しかし、当時の日本人にとっては夢のような高収入も次々と蔵書に化けてゆき、一〇年後には和書洋書漢籍を含めて一万六〇〇〇冊という宝玲文庫ができあがったのである。

東京外国語学校には、メドレー教授（Austin William Medley）のように学生の評判が高く、長く語り継がれる名物教授が数多くいた。しかしホーレーは、学生の人気を集めるような教師ではなかった。当時、ホーレーから英語を習った石井正之助には今でも残念に思うことがあるという。学生が学園祭でシェークスピアの作品を英語で演じることになったので、指導をホーレーに頼んだところ、「君たちがシェークスピアを演じるのは一〇年早い」といって取り合ってくれなかったことだ。同僚として机を並べた荒牧鉄雄の記憶に残るのは、魔法瓶に酒を入れて持参し、授業の前に一杯引っかけて教室へ向かうホーレーの姿だ。またあるとき、ホーレーが日本の古典を書き抜き、これを解釈してみろと迫ってきたが、自分には歯が立たなかった、という。経験を積んでも、授業に向かうときには緊張する。日本に来て間もなく、人間づきあいが下手で友人も少なかった二十四歳のホーレーにとって、時には酒の力も借りたいような重圧であったろう。

来日当初の住まいについては不明である。三年目の昭和九年（一九三四）ごろには、御茶ノ水（本郷元町）の「文化アパートメント」に住んだ。このアパートは大正十五年（一九二六）に設立された当時最新の設備の整った、日本で最初のアパート住宅である。森本厚吉や吉野作造らが中心になり結成した「財団法人文化普及会」が設立した建物であり、外国人の長期滞在にも提供された。「隣人の長田秀雄《ながたひでお》さんには親しく付き合って頂いた」と俊子は語っている。ホーレーよりほぼ一回り年長の長田秀雄は劇作家で詩人、東京神田生まれ。弟は小説家の幹彦《みきひこ》。独協《どっきょう》中学時代から詩作を始め、中学で同級の木下杢太郎《きのしたもくたろう》と新詩社をへて、「パンの会」を作る。『スバル』『屋上庭園』に詩と戯曲を発表していたが、明治四十三年（一九一〇）発表の「歓楽の鬼」が自由劇場で上演され、劇作家の地位を築いた。後に、新劇界の長老として仰がれた長田秀雄と、流暢《りゅうちょう》な日本語を話す日本研究者ホーレーとは、良き友人関係を築いた。

昭和九年三月で東京外国語学校との雇用契約期間（三年）が終了したホーレーは、四月から京都の第三高等学校へ移ることになった。契約期間は一年間であった。四月十一日、長田秀雄夫妻の媒酌で、自宅のアパートで三三九度の式をあげ、帝国ホテルのグリルで披露宴を済ませ、そのまま列車「特急富士」に乗って京都に向かった。これが翌日の『大阪朝日新聞』の記事（「イギリスの言語学者大和撫子《やまとなでしこ》と結婚」）となっている。京都での住まいは、吉田山神楽岡下の第三高等学校教官官舎第一教師館。当時の地図を見ると、現在の京都大学吉田校舎正門を入って左側、キャンパスの南西隅に外国人用の官舎が三棟建ってい

図 9　昭和 9 年 4 月11日結婚記念写真（帝国ホテル・グリル），ホーレー夫妻，仲人の長田秀雄夫妻，美野田琢磨夫妻

た。隣人は、ドイツ人教師のフランツ・オット・ヘルフリッチュであった。東京時代には学生に素っ気ない態度をとったホーレーも、京都の第三高等学校時代になると教師としての経験も深まり、官舎に学生を招いて共に吉田山に遊んだ。そのとき学生であった町田誠之の思い出を森田和紙の森田康敬が記している。「初めての授業で、近松の浄瑠璃《じょうるり》の一節を英訳せよといわれ、びっくりした。官舎に押しかけてゆくと、本格的コーヒーをご馳走してくださった」。『京都帝国大学新聞』（昭和九年六月二十一日）に掲載された「日本雑感」では、日本の学生に期待を込めた暖かい言葉を贈っている。

新進気鋭の外国人日本研究者

来日して二年を過ぎたころから、ホーレーは日本文化や日本語についての研究論文を日本語で雑誌に発表しはじめる。まず昭和八年（一九三三）の暮れ、「欧羅巴《ヨーロッパ》人の研究したる日本文学」が雑誌『文芸』十二月号に掲載され、続けて二篇の論文「日本語の起源に就いて」と「竹取り物語を読みて」を発表した。また『日本古書通信』創刊号（昭和九年一月）に寄稿し、「本居宣長《もとおりのりなが》研究」や「雨月物語」を英訳したことが新聞で紹介され、新進気鋭の外国人日本研究者として華々しい活躍であった。最初の論文では、欧文・邦文の文献を駆使し、マルコ・ポーロの東洋旅行に始まり、マノエル・バレートの「太平記」に続く宣教師の仕事や、ケンペル、シーボルト、サトー、チェンバレンからアストン、ウェーリーなどの、日本を西欧社会に

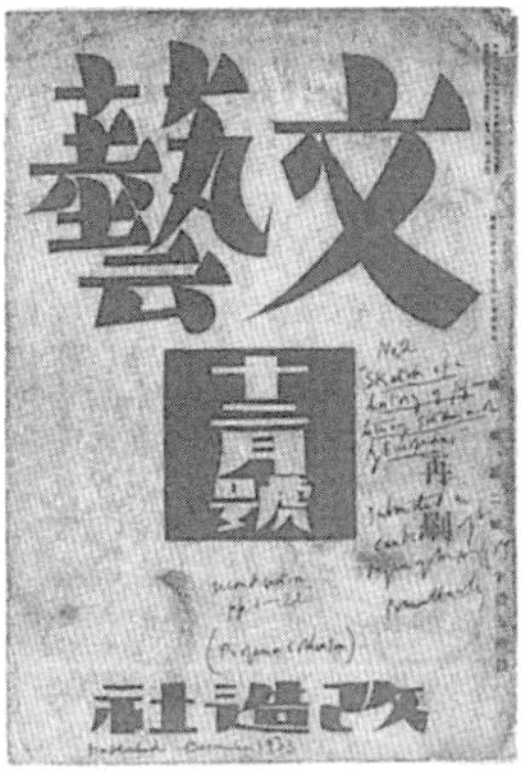

図10　リバプール大学に提出された修士学位論文『文芸』表紙（1933年12月号）

図11　リバプール大学に提出された修士学位論文『改造』表紙（1934年２月号）

紹介した人びととその業績を取り上げ、それらに的確な評価を加えた。この論文の冒頭で、編集者はホーレー直筆の標題を写真版で掲げ、これは「全文氏が手ずから認めた日本文であり、何人の校訂を経たものでもない。吾々は読者と共にその語学的天才に驚くほかはない」と絶賛した。続いて翌九年には、「日本語の起源に就いて」を雑誌『改造』二月号に発表した。言語学史と日本周辺の言語の比較である。まず、言語学史を述べ、朝鮮語・琉球語・ウラルアルタイ語と日本語との言語学的比較を行ない、日本民族文化の複合性を指摘している。すなわち、「日本語が琉球語以外の他の国語と発生関係があることは充分に証明されていない」としながら、「語彙《ごい》ばかりでなく、文法的にも収拾し難く紛糾した合成語」であり、「日本人及び日本語は起源を一つに持つのではなく、複雑に混入されている」と結論づけている。この論文を主論文、前者の「欧羅巴人の研究したる日本文学」を副論文とした修士論文をリバプール大学に提出し、受理された。掲載雑誌にラベルが付され、リバプール大学図書館に保管されている。日本民族文化の複合性の指摘は、当時の日本文化論として新しいものであった。提出した雑誌にはホーレーの書入があった。警察の出版検閲による伏字の個所がある。ホーレーはそこに“censorship”（検閲）と書き込み、「日本の警察は上代の歴史についてのいかなる批評も好まない」（英文自筆）と記している。

さらに翌月の雑誌『文芸』三月号に、「竹取り物語を読みて」を発表した。日本内外で人気の高い「源氏物語」に隠れて、ともすれば「存在すら忘れられ勝ちな」「日本最初の物語」である「竹取物語」を、ホーレーは民俗学的に論じている。物語の中に含まれる多くの異文化要素を、原典を示しつつ解説している。ホーレーによれば、「竹取物語」の魅力は、物語が日本を取り巻く「多くの東洋思想に色付けられている」こと、「文章が美しく、筋に魅力」があり、「一つ一つの事件が和歌で結ばれている」の三点である。

ホーレーがリバプール大学に提出した卒業論文「フランス十八世紀における言語理論の研究補考」（仏文）で、インド・ユダヤ・ギリシャの言語理論とスコラ神学の言語理論について論じていることを考え合わせれば、ホーレーの関心がどこにあったかが想像される。言語を手がかりに、民族文化への関心を深めていったのである。

最初の二つの論文を書くにあたっては、来日以前の研究の蓄積もあり、また参考とした大量の研究書も大半は欧文で利用できたであろう。しかし、「竹取り物語を読みて」の場合は、原典を充分に読みこなさねばならない。ホーレーが戦前の一〇年間に収集した蔵書の目録を見ると、『竹取翁歌』『竹取翁物語』『竹取物語解』『竹取物語考』『竹取物語講義』『竹取物語抄』『竹取物語新釈』など、合計一五件、二〇冊の関連書名が見出される。ホーレーがどのように研究を進めたかその一端を窺うことができるのである。のちに英国文化研究所の助手としてホーレーと出会った照山越子は、この論文「竹取り物語を読みて」を一読して、文章の正確さに驚いたと語っている。ホーレーを取材した記者たちは、誰しも彼の語学力に驚きその才能を賞賛した。一方で反発も大きく、ホーレーの発言が注目を集めて、日本人英文学者との間で軋轢《あつれき》が生じることとなった。

日本人英文学者との軋轢

事の起こりは昭和九年（一九三四）二月二十八日の『読売新聞』文芸欄の取材記事であった。「在留外人の日本研究家は語る」の連載第四回目として、ホーレーが取材された。この連載は、昭和九年一月二十五日に始まり、インド革命家K・R・サボワル、元エジンバラ大学近代言語学部長H・J・バード、フランス国大使館G・ボンマルシャン、ホーレー、イギリス人歴史家V・G・ボドレー、東洋社会学者ピーター・ヴィ・ラッソウ、日独文化協会会員W・グンデルト博士、A・レーヒンド、ヨハネス・バードの計九名が取り上げられた。記者の質問に答えていくうちに、ホーレーは次のように語った。

記「宮森麻太郎《みやもりあさたろう》さんの俳諧の翻訳はどうです。」

ホ「あれは大したものじゃありませんね。難しい言葉で訳してあるから、優しいポーエムになっていない。あの人は俳句の本当の意味が判っていないでしょうね。人によるでしょうが。」（記は記者、ホはホーレーの略記）

話題となったのは『*An Anthology of Haiku Ancient and Modern*』（宮森麻太郎編著、昭和七年、丸善刊）である。三十一日にはさっそく、宮森麻太郎の反論「ホーレー氏に挑戦す」が掲載された。宮森は英文学会の大御所であった市河三喜《いちかわさんき》の書評を引用して、自らの英訳が評価に価するものであることを示し、ホーレーに対して俳句英訳の勝負を挑んでいる。これに対して、ホーレーは応えてはいない。

当時ホーレーは二十七歳、来日して二年半、天才的語学力を持つ外国人日本研究家として広く紹介され、日本語の論文が雑誌に掲載され、新聞はそれらを派手に取り上げた。時代状況もあった。この年（昭和九年）二月二十一日に、「日本固有の文化の再認識」と「対外的宣揚」を事業目的とした国際文化振興会（委員長姉崎正治《あねさきまさはる》）の誕生が報道され、四月十一日には正式に発足した。日本文化を海外へ広めることが国策として求められ、そこに日本語に堪能な新進気鋭の外国人日本研究者が現れた。時宜を得た人物として、彼は迎えられたのである。一方で、宮森麻太郎はすでに六十六歳、慶応義塾大学教授を退職し、欧米を巡遊し、日本文学の海外紹介に専心し、多数の翻訳著書を発表していた英文学の大家であった。

立場の異なる二人に相対する意見を述べさせたいという取材記者の仕掛けがあったのだ。ホーレーの発言は必ずしも宮森を非難することを意図したものではなく、真意は別にあった。しかし、記者の誘導的な質問に応じるうちに出た言葉にせよ、彼の失言であった。ホーレーの最も大切にしたことは、「優しい言葉」であった。平易な言葉で、単純な文章で、本当の意味を伝えることであった。初期の論文「欧羅巴人の研究したる日本文学」において、ある国の文学を他国語へ充分に美しく翻訳することが可能であることの例として、「源氏物語」を世界に紹介したウェーリー（Arthur Waley）を高く評価している。

当時のホーレーの視点は、日本文化の中に異文化の影響を見出すことであった。「竹取り物語を読みて」では、物語中の異文化の要素を指摘した。日本人が日本文化をあまりにも独自のものと考えすぎていることを暗にたしなめ、外国人の目から日本文化を見ることにより、視野が広がることの大切さを述べている。

日本語辞書の編纂を目差して

日本語辞書の理想

昭和十年（一九三五）三月三十一日に京都の第三高等学校との雇用契約を満期終了したフランク・ホーレーは、再び関東へ戻った。妻俊子の縁戚が所有する別荘が葉山（堀内九七五番地）にあり、そこへ転居したのだ。この時期から、日本語辞書の編纂に取りかかった。昭和九年（一九三四）四月に設立された国際文化振興会は、日本文化の充実宣伝を目的とした。翌々年には「皇紀二千六百年記念事業」として、次の三つの事業計画が発表された。昭和十一年十月十三日付の『東京朝日新聞』には、『英文日本百科事典』（斎藤忠《さいとうただし》編纂主任）『外国人のための大日本辞典』『英文日本書誌』（姉崎正治《あねさきまさはる》編纂委員長）の編纂計画が報道された。この紙面に、『外国人のための大日本辞典』を編纂するにあたってのホーレーの意気込みを紹介する記事がある。いわく、「従来、真摯《しんし》な『日本学者』の悩みの種であった字引難を解決するために」「フランク・ホーレー氏が独力で数年来苦心執筆中の日本語辞書を支援」し、原稿は「既に半分（数千枚）を脱稿」とある。原稿はホーレーが書き溜めておいたものだった。言語学者としてのホーレーを高く評価した国際文化振興会が、その熱意に力を貸そうとした企画であった。

しかし、この辞書は刊行されなかった。振興会の事業計画のうち、三番目の『英文日本書誌』のみが、『英文「日本書目」』として昭和十二年（一九三七）から十八年まで、戦後は二十四年（一九四九）に刊行されている。その後になっても、ホーレーの手がけた辞書は完成しなかったが、ホーレーの目指した辞書作りの理想を、残された原稿「日本語辞書について」から読み取ることができるのである。

彼の編纂しようとした辞書は「日英辞書」「英日用語集」「漢字索引」の三部構成で、次の特徴がある。現代の日本語の日常的な語彙《ごい》を網羅し、実際に用いられている日本語に則した、近代における最も誠実な辞書であり、文学的専門語・文献学的専門語・少なくとも幸田露伴《こうだろはん》の全集に含まれる漢語および食物語彙を網羅している。日本語を英語に対応させる場合は意味に限定せず、雰囲気や社会的位置づけにも対応させる。日系二世や欧米の日本研究者の利用を前提とする。語彙の選定にあたっては特定の見識ある著者の専門性に基盤を置くべきである。これらの要件を辞書作りの基準としている。当時刊行されていた辞書に対するホーレーの批判も、具体的に人名や辞書の名をあげて明快である。ホーレーは専門語彙と漢語に並ぶ重要な語彙として、食物語彙を取り上げている。「日本について外国人の抱く誤った考えの少なくともいくつかは、彼らの日本の食物への無知と、大方の普通の日本人と交流したがらないことからくる当然の結果であると信ずるからである。著者（ホーレー）は、日本の食物についての論考が、殆《ほとん》どの日本食は粗悪で食べられた物ではないという極めて一般的な偏見を打破するために、些《いささ》かでも貢献すること」を望んでいる、と記している。

匿名の批判文

ホーレーが編纂する辞書に対して痛烈な批判文が届いた。この批判文は無記名の私信で、一枚の用紙に箇条書きに辛辣《しんらつ》な英文の批判がタイプ打ちされている。「これを出版するなら出版社にとって経済的な、編者にとっては名声の大きな損失である」と書きはじめ、「貴殿は辞書を作ろうとしているのか、それとも百科事典を作ろうとしているのか」と批判し、辞書の項目を指摘して「時代遅れの原稿」である、と手厳しい。

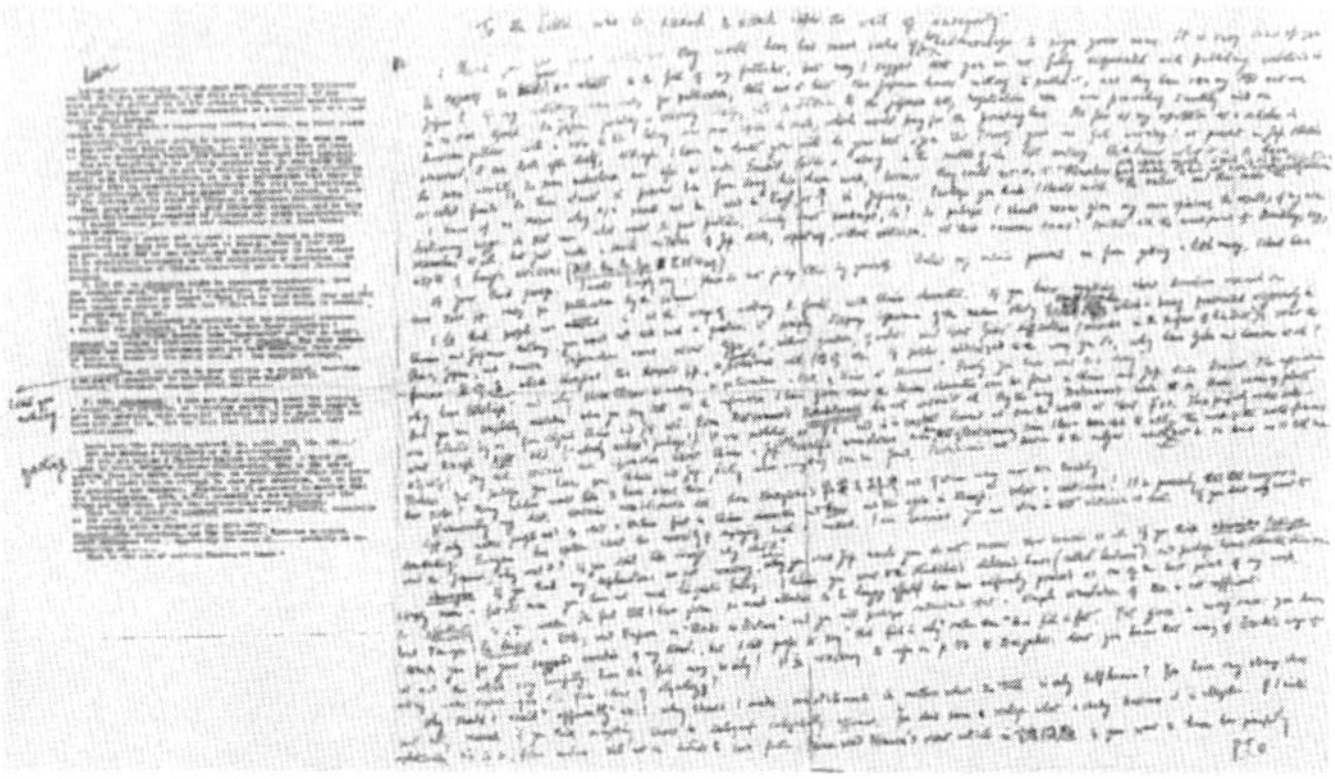

図12　匿名の批判文とホーレーの反駁文

この批判に対してホーレーは直ちに反駁《はんばく》した。全紙判用紙の左肩にこの批判文を糊《のり》付けし、余白の紙面に直接ペン書きで書いたものが残っている。匿名《とくめい》の批判を責め、その内容に対して逐一反論し、出版計画の妨害であるとしている。感情的な表現やその乱れた筆跡から、この批判に対する反駁を一気に書き上げた様子が伝わってくる。

こうした議論はなかなか噛《か》み合うものではない。お互いが理想とする「日英辞書」が根本的に異なっているからである。ホーレーは、すでに日本語をある程度習得し、さらに深く学ぼうとする日系二世や日本文学研究者の利用を前提としている。漢語さえも、幸田露伴の全集に含まれるものは網羅した、という。外国人の日本理解を助けるために、必要ならば、手間と紙面を費やしても日本語の微妙な感覚を伝えるべきだ、とするのだ。これに対して、匿名の批判者が想定したのは、初心者でも使いこなせる「適切な慣用的な類例」を含む明快な実用的な辞書であった。多くの類例を用いてまで微妙な語感の違いを強いて説明する必要はない、という。批判文は、「未熟の果実」「図々しい」「尊大で物知り顔」と、ホーレーを形容する言葉は感情的である。ホーレーの流暢な日本語と博識、高い経済力に支えられた豊かな蔵書、新聞紙上の高い評価。これらと批判とは無縁ではなかった。

ホーレーの辞書は、研究を進めるうえで「欲しかった辞書」であった。自らが日本語を学ぶ過程で障害と感じたところ、微妙な違いを知りたいと痛感したところを知りうる辞書を作ろうとした。言葉の置き換えでなく、言葉にまつわる文化を記したかったのである。自らの知識を最大限に盛り込み、後に続く人びとの手助けとしたい、という熱意が込められていた。今日では利用者の能力と用途に合わせて多様な辞書が作られており、複数の辞書を併用して語彙の微妙な違いを見分けることも可能である。ホーレーの目指した辞書は、この時代には早すぎたのである。

戦後に来日したホーレーは、雑誌や新聞において機会あるごとに、日本文化の質の高さに日本人はもっと自信を持つべきだ、と主張している。昭和二十五年（一九五〇）の季刊雑誌『望郷』で、『源氏物語』の特集が組まれた。当時オランダ大使であったファン・グーリックとともに英文の論文を載せている。文中で、「私は十三年間日本で過ごし、外国に自国をもっと知ってもらいたいと望む大勢の日本人に会った。しかしながらそのことについて多くを為そうとする人は殆どいない。日本に関するなにもかもを単純化し過ぎたがり、十歳の子供も興味を持たないような決り文句や一般化に過ぎないことを書きたがり、知的な大人の外国人は放置されるという、致命的な傾向がある」と、日本人の日本文化(日本語)認識の問題点を指摘している。辞書作りに込められたホーレーの思いは、戦後も変わらなかった。日本人が自らの文化を省みることなく、常套《じょうとう》的な表現で済まそうとする安易さを批判したのである。

ホーレーは、反駁文の中で、辞書の出版予定やアメリカでの出版計画についても記している。しかし、その後の進展は不明である。批判者についても手がかりはない。ただ、その当時の「辞書編纂を手がけた英語界の権威者」としか想像できない。匿名の批判者へホーレーの反駁文は届かなかった。

この日本語辞書の編纂が完成を迎えなかった理由は定かではないが、この批判文と関わりがあると考えられる。その後、国際文化振興会ばかりでなく、他からもこのような「日英辞書」は刊行されていない。後述するように、昭和十二年一月十二日付でハワイ大学のシンクレア教授に宛てた書簡に、蔵書の一部を手放したい理由を語る中で、「現在、古語と現代語双方の漢字の索引を付した、大部の和英辞典の編纂に着手している」と書いており、この時点まで編纂作業は続けられていたことがわかる。

研究社『簡易英英辞書』の編纂

研究社とホーレー

ホーレーの辞書への思いは「英英辞書」に形を変えて出版された。

昭和十三年（一九三八）十月、研究社から『簡易英英辞書』（*KENKYUSHA'S SIMPLIFIED ENGLISH DICTIONARY*）が刊行された。（市河三喜《いちかわさんき》編、本文一二二九ページ、定価三円八〇銭）。筆者の手元の昭和二十九年版は、すでに三七回版を重ねたものである。さらにこの辞書は、昭和三十年（一九五五）に『新簡易英英辞書』として改版された。戦前戦後を通じてのベストセラー辞書である。

この辞書の大半はホーレーの仕事であり、企画したのは研究社の編集者佐々木學であった。佐々木は明治三十二年（一八九九）に生まれ、九州大学で英文学を専攻し、昭和四年

（一九二九）に研究社に入社し、十四年まで在職した。ホーレーより七歳年上であった。佐々木の語るところによれば、『英和大辞典』の完成した昭和十一年秋に「日本人の手による最初の英英辞書」としてこの企画が取り上げられた。ホーレーを編纂者として起用したのは、編纂責任者の市河三喜であった。当時は英語教授法が「英語による英語の理解」へと変わっていく時期で、佐々木が「英語辞書出版の辞書の鬼」である社長小酒井《こさかい》五一郎《ごいちろう》に提案した企画が、実現したものである。辞書の序文には「外国語学習者の立場から舶来の辞書の持つ不便さを除き」「英語教授改善の線に沿うて、その推進力に一臂《いっぴ》の力を仮さんとする意図」とある。この編纂意図とホーレーの構想の間にどれほど共通するものがあったかは不明であるが、かつて『外国人のための日英辞書』を編纂し、自らは「文化の仲介者」でありたいと願うホーレーは、誠実にこの編纂に取り組んだ。

　フランク・ホーレーと研究社との関係は、昭和十二年三月四日の契約から、翌十三年の夏まで続いた。僅かな期間であった。ホーレーの辞書作りの熱意と執着は、企業である研究社による辞書編纂の現実とは相容れないものがあり、問題が生じた。このことを詳しく知る書簡（佐々木宛ホーレー書簡八通と一通の葉書）の提供を、佐々木から受けた。佐々木は、「ホーレーの自筆でなくて残念です」と語っていたが、四通はホーレーの自筆であり、ことになる。

その他は妻俊子の筆跡であった。編集者が見まがうほど見事に日本語を書きこなしていた

辞書作りの工程とホーレーの不満

一般に辞書作りは、次の工程によって進められる。編纂方針の決定、語彙《ごい》の選定、執筆者への振り分け、原稿作成、編集、校正刷り、校正、出版。原稿ができあがると随時出版社に送られ、初校が組まれる。執筆者は次の原稿準備のために、先に入稿した原稿との照合の必要から、出版社へ初校組みのゲラ刷りを求める。出版社と印刷所が一体であれば問題は少ないが、多くの場合そうではない。辞書の編纂には、膨大な原稿が準備され、その作業は煩雑《はんざつ》を極めることとなる。当然ながら、多大な経費が必要とされ、会社側は辞書の販売にいたるまでは、先行投資として印刷費・原稿料を支払うことになる。編集者は会社と執筆者との間にあって、調整を行なうのである。校正を済ませたゲラ刷りを手元に置きながら、次の原稿の執筆に取りかかりたいというホーレーの希望に反して、会社からはなかなか届かない。ホーレーはたびたび会社に催促するが、果たされない。その焦燥感が、ホーレーの書簡には現れている。あくまで仕事に厳密さを求めるホーレーの希望に、完成を急ぐ出版社としては必ずしも添うことができなかった。

次は経済的な問題である。入稿済みの原稿料を、ホーレーは会社に重ねて求めた。当時のホーレーは経済的に安定していない。昭和十年（一九三五）四月に京都の第三高等学校を退職して葉山へ転居し、さらに「同潤会江戸川アパート五十九号室」に引っ越した。家賃は月額四六円。ホーレーには研究社のほかにこれといった仕事もなく、妻俊子が英語の家庭教師をしながら、実家である美野田家から援助を受けていた。膨大な資金を要する研究社は、原稿料の支払いを少しでも先へ延ばしたかった。会社はホーレーの期待に沿う対応ができなかった。

しかし、ホーレーと研究社との間で生じた最大の問題は、ホーレーの貢献をどのように評価するかであった。ホーレーは自分が中心となってこの辞書を作っていると思っていたに違いない。他に監修者が置かれて、自分の名を冠した辞書とはならないことは承知していたが、少なくとも下請け仕事だとは認識してはいなかった。佐々木宛のホーレーの書簡（昭和十三年六月二十一日付）には次のように記されている。「今研究社から手紙が来ました。最後迄は私が致しませんでしたが、九十パーセント以上一番困難な所を致しましたのに拘らず、研究社では私の名に一切触れず新しく校閲する人の名を掲げることにならうかと認知する様との事でしたが、私はそれを拒絶致します。誰が見ても不合理などといふ言葉では表はせない程ひどいやり方故、その中に人と相談して適当な処置を取りたいと思ひます。実に卑怯なやり方だと思ひます」。この書簡でホーレーは、法律的な解決方法を匂わせているが、このような対立にいたるまでには両者の間に曲折があったのであろう。

時代は常に動いている。日中戦争の戦端が開かれ、南京《ナンキン》占領が行なわれ、日本国内では国家総動員法が公布された。「日本」が暴走を始めた時期である。編纂着手のころとは世の中の情勢が異なっていた。「日本人が日本人の為に作った最初の英英辞書」を標榜する研究社は、英国人フランク・ホーレーの名を前面に出したくはなかった。ホーレーがどれだけ力を注いでも、多くの編纂者の一人でしかなく監修の栄誉は市河三喜にあった。しかも、その自分の名前さえ編纂の歴史を語る文面から抹殺されようとしている。そこに、ホーレーの大きな怒りがあった。結果的には、研究社は『簡易英英辞書』「編纂の趣旨」の文中に、原稿作成・厳密な加筆校訂・校訂にフランク・ホーレーが関わったことを明記した。佐々木は次のように語った。「出版企業の中でも、巨額の資金を要する最も危険な投機である辞書作りは、それだけに生産コストを極度に切り詰めなければならず、そのためには有能ながら無名の Ghost を低賃金で駆使し、一方印税などのいわゆる名義料（the Lion's share）をただ一人の看板学者に供えることによって、世間体をつくろい読者の目をそらせるといった仕組みになっているのは、今さらいうまでもないことかもしれません。もっともGhostたちの上前をはねるのは、じつは、著者として名を掲げる学界のドンではなく、からくり全体を陰であやつっている企業主であることを、ホーレーは十分理解していたはずです。社長の、たとえ相手が外人であろうと容赦しないきびしいつれない仕うちに、英国人としての、また執筆者としてのプライドをもつホーレーがどんなにいら立ちそして反発しようとしたか、この手紙は、しかしその分のいきさつのほんの一端をのぞかせているにすぎないのです。両者の間にあって事態の収拾をはかる立場にありながら、小生は無力でほとんど為すところが無かったのは、むしろ当然ではなかったかと思っていますし」。佐々木は過去を追憶しつつ、慎重に語ってくれた。その言葉にはホーレーへの敬意を込めた同情の気持ちがあふれていた。

ホーレーはささやかな一矢を報いた。『簡易英英辞書』の見出し語Ghostを引くと“a person who writes a book for a well known man and lets other pretend that he has written it.”（著名な人物のために書物を書きその人物がそれを書いたように思わせること）と書かれている。さらに文例として“This dictionary was written by ghosts.”（この辞書はゴーストたちによって書かれた）とある。ホーレーは、密かに鬱憤《うっぷん》を晴らしたのだ。このことを佐々木は知っていた。監修者市河三喜の目を逃れたこの僅か六語からなる短文に、ホーレーはやり場のない心情をこめ、佐々木はそれに共鳴した。フランク・ホーレーと研究社との関係は昭和十三年（一九三八）六月で終わった。佐々木學も翌十四年には研究社を退職した。

戦後になっての改版（昭和三十年版）では、「まえがき」に、「有能なイギリス人の協力を得て、校閲ばかりではなく、原稿の作成にも参加してもらったことはこの辞書をして重きをなさしめたものであるということが出来よう」と書き加えられている。このとき、フランク・ホーレーは、『ザ・タイムズ』の特派員として知名度もあり、注目される人物であった。出版社がこれを意識したと考えるのは穿《うが》ち過ぎであろうか。

かつて「外国人のための日本語辞書」を作ろうとしたホーレーは、熱意を持って「英英辞書」に取り組んだ。ホーレーは、独自の方式によってこの辞書を作ったと自負している。経費の負担や出版の権利は研究社にあるとしても、この辞書の骨格となる基本理念は、自らのものであると考えていた。「日本人の手による最初の英英辞書」を発刊しようとする研究社との間に友好関係は生じなかったが、成果として『簡易英英辞書』が誕生した。戦前戦後を通じて、英語を学ぶ多くの学生たちがその恩恵に浴した。名は残せなかったが、「文化の仲介者」でありたいというホーレーの思いは叶《かな》ったのである。

その後、国際文化振興会や日本文化中央連盟に関わり、藤森成吉《ふじもりせいきち》の『渡辺崋山』、牧野《まきの》富太郎《とみたろう》の『花暦』、茶道表千家の「茶室の解説」を翻訳して、世界に日本文化を広めるための仕事を重ねたのである。

ハワイ大学赴任を期待して

東京での生活

葉山は閑静な別荘地で、日本辞書の編纂に着手したホーレーにとって、研究生活には適していたが、充実した図書館があり古書店が連なる東京は情報の源であった。経済的な問題も解決する必要があり、ホーレーは再び都内に戻ることを決意した。同潤会の「江戸川アパートメント」（牛込区小川町二の一〇）に入居したのは昭和十一年（一九三六）十二月十六日。管理記録には紹介者長田秀雄《ながたひでお》とある。同潤会は大正十二年（一九二三）の関東大震災によって生じた住宅問題を解消する目的で、翌十三年五月二十三日に設立された財団法人であり、数多くのアパートと普通住宅の建設と経営を行なった。「江戸川アパートメント」は敷地坪数二〇六一坪、総戸数二六〇戸、児童遊園・社交室・浴場・食堂・理髪店・エレベーターを備え、各部屋にラジオ・電話・ラジエーターを完備したもので、当時の新聞では「東洋一」と評された。ホーレーの部屋は五十九号室で、二〇・〇六九坪、間取り三部屋、浴室付き。浴室を備えたのは一〇戸のみであった。研究社の編集者佐々木學が訪問したとき、「古書のいっぱい詰まった書棚が並び、ほとんど身の置き場のないありさま」であったという。妻俊子によると「遮光カーテンで書架を覆っていた」というから、部屋の様子が想像できる。昭和十三年三月三日午前七時四十五分に、社会大衆党委員長安部磯雄《あべいそお》が自宅で暴漢に襲われた。安部の住居は、ホーレーの部屋の真上であった。この事件のことを、ホーレーは佐々木宛の書簡に記している。翌年一月、ホーレーは青山墓地に近い赤坂区青山南町五丁目四五へ引っ越す。この家は部屋数も多く広かった。それまでは、東京大学教授平賀譲《ひらがゆずる》が住んでいた。平賀が総長として官舎へ転出し、そのあとにホーレーが入居したのである。「江戸川アパートメント」のホーレーの後には堀口大学が入居した。堀口は昭和十年から当アパートメントに住んでおり、同居する妹いわ子が板張りの床を気に入って屋移りしたのだ、と俊子は語ってくれた。

シンクレアとの出会い

のちにハワイ大学の総長となるシンクレア（Gregg M. Sinclair）との出会いは、ホーレーに新しい世界への可能性を与えた。ハワイ大学のシンクレアが東洋文化研究所を構想して蔵書を充実させつつあることを、友人のファース（Charles B. Fahs）から聞いた。置き場に窮して蔵書の整理を考えていたホーレーは、昭和十二年（一九三七）一月十二日に、ファースを通じてシンクレアへ、蔵書の一部を提供したい旨を書き送った。これを機に二人の関係が始まる。

ホーレーの手放そうとした蔵書は『日本アジア協会会報』の初期版全五〇巻で、別冊も含めた完全なものであった。書簡にはこれを揃えるのにどれほどの苦労があったかを記している。集書を完成するまでに四年かかったこと、京都大学や東京大学のものより優れていること、揃えた五〇巻の四分の三はモロッコ皮に金文字と天金をほどこしたものであること、そしてこの五〇巻を完全な形で揃えるために全部で八〇巻も購入したこと。これだけのものを手放す理由は、外国人のための大部な日本語辞書を編纂するために、『古事類苑』などの高価な日本語の文献を入手する必要があるからである。そして自分の仕事は、サンソム（Sir. George Sansom）からも評価されている、と述べている。しかし、ハワイ大学教授（元同志社大学総長）の原田助《たすく》が、ヨーロッパでこの全集をすでに購入していた。

シンクレアはホーレーの申し出を丁重に辞退したが、その文面は好意に満ちた暖かいものであった。

翌十三年の四月に、シンクレアが夏に来日する予定であることを知ったホーレーは、さっそく面会を申し入れた。八月十四日の朝七時半から八時までの間に、帝国ホテルで会う約束が交わされた。ホーレー自身の研究の現状について、シンクレアが構想する文献叢書について、具体的な提案を含む密度の濃い対話が二人の間でなされたことが、その後の書簡（九月三日・六日付）からわかる。ホーレーの書簡には、自分の能力と可能性を理解してくれる人物を得た喜びが溢れている。当時ホーレーは、「『花伝書』と能の技術に関する世阿弥の小作品の翻訳」を手がけており、シンクレアはその出版に助力しようと申しでている。その後ホーレーは、論文「能書について」（"Some Recent Book on No"）を *Monumenta Nipponica*（Vol.2, 1938）に発表している。

ハワイ大学への就職希望

この時、ホーレーはハワイ大学への就職希望を直接シンクレアに伝えた。帰国したシンクレアは直ちに学長クロフォード（David L. Crawford）に、ホーレーを採用する提案書を出した。提案は次の四項目である。①年俸三〇〇〇ドルと旅費三〇〇ドル。②ホーレーは五年以内に二冊の著書を刊行し、日本文学を日本語・英語で講義でき、その能力についてはアッカー（William R. B. Acker）の高い評価と推薦がある。③オランダ公使館書記官のグーリック（Robert von Gulik）からの、強い推薦がある。④次回の東洋文化研究所の紀要にホーレーの人事記事を載せたい。

この提案に対して、ハワイ大学当局はホーレーが博士学位を持たないことを指摘したのである。ホーレーは、イギリスを出たときはリバプール大学で学士号を得ており、昭和九年に同大学へ論文を提出して受理され、修士号を持っていた。しかし、博士号は有していなかった。ハワイ大学における高い処遇の裏付けに、学位は必要であった。希望しただけの俸給を提供するためには、将来における業績の可能性よりも現在の博士学位が必要である、というのが大学側の見解であった。

ホーレーも、自分の業績に公の評価を得ることに努力を重ねていた。「花伝書」「本草倭名」に関する著作の刊行を準備していること、そして「私の英英辞書」が七月に刊行予定であることを書簡で強調している。とりわけ「英英辞書」（『簡易英英辞書』研究社）については、「この種の物としては日本で刊行される最初のもので、私見ではソーンダイク版（Thorndike）などよりずっと優れております。こちらの文部省の見解によれば、需要は多いと思われます。メソッドの研究で二つの学位が得られるものと確信しています。解釈する言葉ばかりでなく解釈する言葉の意味をも限定し、訳語等を選択するメソッドです。博士のレッテルが人の学識を証明するものとは認められませんし、学長にもそう書き送りました。ともかく、この英英辞典は単独で博士学位に値すると確信しています」と綴り、形式的な学位を凌《しの》ぐ内容であるという強い自信と自負心とを示している。

その後も、シンクレアは熱心に勧めたが、ホーレーの要求する「年俸三六〇〇ドルと旅費の実費」はハワイ大学側には受け入れられず、交渉は不成立に終わった。日本人研究者との軋轢《あつれき》と中傷、出版社との諍《いさか》いに疲れたホーレーにとって、ハワイ大学の教授陣に連なることは、新しい希望への道であったが、実現しなかった。ホーレーは、ハワイ大学へ就職しない理由として、「貧しくなるならば多くの利点のある日本で貧しくなるほうが良いと思います。非常に優れた学者と接触できますし、本当に良い蔵書を見に行けますし」とその心境をシンクレアに述べている。

シンクレアが学長クロフォードに提案した条件は「年俸三〇〇〇ドルと三〇〇ドルの旅費」、ホーレーの求めた額は「年俸三六〇〇ドルと旅費の実費」であった。交渉すれば学長へ提案した条件でホーレーを呼び寄せることができるものとシンクレアは考えていた。月額にして五〇ドルの差と、旅費が三〇〇ドルか実費であるかの違いは、膨大な蔵書を所有するホーレーにとって、重要な問題であった。ホーレーは当時の蔵書の分量を、「おそらく、七〇箱（二箱一〇〇ポンド）の書籍」と記している。これだけの蔵書の移動にどれほどの経費が必要かを考えていたのである。

　当時のハワイ大学はカレッジからユニバーシティーへと成長し、組織内容の充実を図かる時期であった。中国人移民と日本人移民が大半を占めるハワイ社会で、東洋研究においても大学内で両者の勢力は拮抗《きっこう》していた。ハワイ大学東洋研究所を構成するこの分野のうちの日本分野は、同志社大学総長を辞めて渡米していた原田助の退職により手薄となった。早くスタッフを補充しようと、在職中の国友忠夫に加えて、学位取得のためコロンビア大学に修学中の坂巻駿三《さかまきしゅんぞう》を呼び戻そうとしたが、間に合わない。看板教授としてはオランダのライデン大学のラダー教授（Johannes Rahdar）がいたが、それでも弱い。そんなとき、シンクレアはホーレーと出会ったのである。シンクレアはホーレーと親しくなったが、同時に大学の行政職にもあった。はたして博士学位の条件を主張したのは学長のクロフォードだったのか、それともシンクレアの方であったのか。シンクレア宛の書簡には、研究者である青年ホーレーの真面目でひたむきな姿があらわれている。一方シンクレアの書簡は、ゆとりのある礼儀正しいもので、時にはホーレーを教え諭すような寛容さが読みとれる。当時シンクレアは四十八歳で、日本で三年間英語を教えた経験もあった。

坂巻駿三とフランク・ホーレーとは奇縁で結ばれている。坂巻駿三は、兄ジョージと共にハワイで市民権を得た最初の日系二世である。明治半ばに渡米した父銃三郎は、ハワイ島オラー製糖会社の支配人を勤めながら、子供たちを立派なアメリカ市民に育てようとした。三男駿三は排日運動の盛んな時期に、ハワイ各島を巡り日系人を励ます演説をした。学生時代には兄と友に同志社大学で英語教授を務め、卒業後は、最も期待される日系人としてコロンビア大学大学院へ進学し、昭和十四年（一九三九）九月に大学教員としてハワイ大学に戻った。同じ年に、坂巻駿三の学位論文「日本とアメリカ合衆国」（Japan and the United States, 1790–1853）が『日本アジア協会会報』（第二集一八巻）に掲載された。当時編集委員をしていたホーレーは、その経過をシンクレアに伝えている。また、昭和三十六年（一九六一）一月、ホーレーの亡くなったとき、ハワイ大学夏期大学学長となっていた坂巻駿三は、いち早く蔵書の確保に動き、琉球関係資料を一括してハワイ大学へもたらすことに成功する。その結果「ハワイ大学に琉球コレクションあり」と世界的に知られることとなる。両者に面識があったか否かは不明である。

最初に会って一年後の昭和十三年（一九三八）夏、二人は再び帝国ホテルで面談した。両者の間に良い関係が続いていたことが窺える。翌昭和十四年三月二十日、ホーレーはシンクレアに就職状況を書き送っている。数週間前にロンドン大学東洋学校（School of Oriental Studies）から日本部門の主任として要請がありこれを承諾したこと、ミシガン大学から打診されたが条件が合わなかったこと、国友忠夫の書評のこと、来日中のアメリカ議会図書館東洋部門主任の坂西志保《さかにしし ほ》とD・カー（Denzel Carr）の論文を話題とし、彼の学位論文に向けての助言を行なったこと、入院している友人グーリックの病状、などを伝えている。シンクレアは、昭和十七年（一九四二）にクリフォードの後を継いでハワイ大学学長となった。彼は、昭和二十年（一九四五）六月、ヨーロッパの終戦後直ちに、ロンドンにいるホーレーにハワイ大学への就職の意志を問うている。これは、先にホーレーと交わした約束でもあった。当時、ホーレーは職を離れていたが、その半年後にはザ・タイムズ社に特派員として入社することになる。

その後のシンクレアとホーレー

その後、昭和二十九年（一九五四）にホーレーが著書を出版するにあたりシンクレアに宛てた書簡には、研究をまとめることに邁進するホーレーの熱意に満ちた姿があった。シンクレアからの書簡にはハワイ大学学長としての自信が読みとれ、そして次の書簡には現役を退いた後のゆとりの中でホーレーの研究を評価し、暖かくそれを見守る友情を感じさせるものがある。

英国文化研究所

日本に留まる

昭和十三年（一九三八）三月二十日付シンクレア宛ての書簡で、ホーレーはロンドン大学への就職について次のように報告している。数週間前にロンドン大学から日本語の準教授の話があり承諾した。大学は早い時期の帰国を求めているが、片付けるべき用件と帰国する前に購入したい書物があるため、九月ごろに帰国する予定である。九月以降はイギリスの故郷ノートンにある母の住所が連絡先になる、とある。しかし、九月になってもホーレーは日本を出発していない。翌十四年七月なって、ようやく帰国のための蔵書の梱包作業をはじめた。それは煩わしいことであると、そのころのシンクレア宛書簡に記している。帰国を促すロンドン大学の要請を無視して書物の入手に執着したホーレーは、とうとう帰国を一年延期した。この帰国の延期が、彼の蔵書「宝玲文庫」の運命を決めたのである。

銀座数寄屋橋に英国文化研究所開設

世界状況は刻々と変化していた。ホーレーが帰国の荷造りをすすめていたまさにこの時期（昭和十四年九月一日）、ドイツがポーランド進撃を開始し、それに対抗してイギリスは対独宣戦を布告した。第二次世界大戦が始まったのである。イギリスは情報局を情報省へ格上げし、九月十五日にはイギリス情報局からレッドマン（Herbert Vere Redman）が来日した。当日の『朝日新聞』は、レッドマンの来日を「謎のレッドマン　英国情報省から急遽来朝」と顔写真入りで報じている。レッドマンはジャーナリストとして活躍した人物で、『クウォーター・レビュー』『コンテンポラリー・ジャパン』『オーバーシー・エデュケイション』『ナイトリー・レビュー』『ザ・タイムズ』『ザ・マンチェスターガーディアン』『ジャパン・アドバタイザー』などに寄稿していた。また、商科大学（現一橋大学）で教鞭を執り、茂木惣兵衛《もぎそうべえ》との共著（*The Problem of The Far East*）もある。しかし、このときはイギリス情報部の要《かなめ》と目されていたのである。レッドマンが来日し、英国文化研究所の開設が進められた。

ジャーナリストの青木聡は「英国極東情報局の正体　日本での暗躍振りを衝く」（『話』

昭和十五年一月号）と題して、英国文化研究所は「大英帝国情報文化部である」と断じた。「英国は喰えない」「動き出したレッドマン」という小見出しを付し、英国文化研究所の活動目的はイギリスの情報および戦争遂行に関する資料を提供することとされているが、真の目的は別にあるというのである。イギリスが内閣内の情報局を情報省に昇格させたのは、戦略的「宣伝」が目的であり、香港に「情報局極東部」を置いてレッドマンを支部長とした。そのレッドマンが来日して、数寄屋橋角に設けたのが「大英帝国情報文化部（英国文化研究所）」だと青木は論じた。さらに、「魔手は深刻にのびて来た」として、二つの例をあげている。当時日本国内で刊行された『欧州大戦の動向と事変の収拾』は、イギリスの立場を正当化するための宣伝活動である。また、「大英帝国情報文化部」関西委員長のアーネスト・ウィリアム・ゼイムスが、「戦争の起源」と題する記事広告を一万円出して新聞に掲載しようとした。実際には掲載できなかったものの、記事広告の原稿とその翻訳文を日本人に配布した。「術策に陥るな」と読者に強く警告したのである。

研究所の財団法人申請書類の控えには、翌十五年（一九四〇）二月に「英国文化研究所」（British Library of Information and Culture）が設立されたとある。資本金は五万円。会長はイギリス大使。他の理事は当時すでに活動していた英国学術学会の東京・横浜・神戸の会長の面々。バイアス（Hugh Byas）と共に、フランク・ホーレーも名を連ねている。設立と同時に財団法人の申請を行なったが、認可されないままに開戦を迎えた。

　英国文化研究所の規約には設立の趣旨および目的として、「国際文化の交流、特に日本国民と大英帝国の諸国民との間の文化交流、文化の研究の進行、大英帝国に関する正確な情報の提供、日英両帝国の国民間の友好関係の促進と人類福利の増大」とある。これは当時国内に開設された「国際文化振興会」の規約とほぼ同じ内容である。英国文化研究所はブリティッシュ・カウンシルから資金五万円と年間経費二五〇〇《ポンド》を受けて運営されることになった。イギリスの国外ブリティッシュ・カウンシルは、イギリス文化の海外宣伝を目的として一九三八年にポーランドに設立されたのが最初で、一九八四年までに一一四ヵ所におよんでいる。東京銀座に開設された英国文化研究所は、不思議なことにイギリスの公的な記録には記されていない。日本のブリティッシュ・カウンシル開設は、一九五三年（昭和二十八）とされている。

　日本語に堪能で、一〇年間も日本研究を行なっていたホーレーは、主任（Director）として完全にこの活動に組み込まれた。ホーレーが英国文化研究所の長となったのは、急な要請によるものであった。日本で生活する外国人に向けられる目が厳しくなり、不安を感じる状況下で、大使館の嘱託身分を得られる仕事は願ってもない話であった。外交特権を得れば、身柄と蔵書の安全が保障されるという見通しがあった。これは、ホーレーにとって大きな魅力であった。

当時、英国文化研究所の助手として勤務していた照山越子は、このころのことを「ホーレー先生の思い出」として記している。「そのころの氏は、独特の雰囲気を持っておられた。身につける物には無頓着で、胸元にはいつも煙草の灰を払ったあとが白っぽく残っており、古書の入った風呂敷包みを小脇に抱えて、のしっのしっと歩く姿には、浮世離れをした学者という雰囲気があった。本屋のショーウインドに顔を寄せて、中に並べられている数冊の高価な本を、口にくわえた煙草の灰が胸に落ちるのも忘れて、食い入るように見入っておられた」。研究所は銀座数寄屋橋の角にある白塗りの瀟洒《しょうしゃ》な建物で、大使館の情報部に属していたにもかかわらず、大使館関係者の出入りは少なかった。よく訪れたのは、オランダ公使館のグーリックとカナダ公使館のノーマンだった。二人とも、のちに駐日大使となった知日家である。特に三高教師時代からの友人であるグーリックは、少し年長のホーレーを「先生」と呼び、互いに尊敬しあっていた。食通の二人は共に食べ歩き、書物や学問について親しく語り合った。他にも、イエズス会のロゲンドル神父、ジョン・モリス、アッカー、ギランなど、多くの知日家が頻繁に訪れる文化的な雰囲気だったという。研究所が存在したのは短い期間であったが、ホーレーにとっては本を読み、気になる古書店を巡り、友人たちと語り合う幸せな時間であった。

太平洋戦争とホーレー

ホーレーの逮捕・拘留と交換船

逮捕と拘留

昭和十六年（一九四一）十二月八日、フランク・ホーレー夫妻は、開戦と同時に青山の自宅で日本の警察に逮捕された。夫妻は前日まで日光の金谷《かなや》ホテルに滞在し、戻ったばかりであった。一週間後には外交官旅券の発行が予定されていた、と妻俊子は語っている。二人は直ちに巣鴨拘置所に拘留された。そこでの取調べの様子が、モリス（John Morris）の著書 *Traveller From Tokyo*（1943）に詳しい。

ジョン・モリスは、インドでイギリス将校として勤め、その後日本政府から英語教師として、また外務省顧問として招かれた。一九三八年（昭和十三）以降四年間日本に滞在し、東京大学でも教鞭を執った。外交特権で逮捕を免れたモリスは、ホーレーと俊子を助けて、ホーレーの接収蔵書の保全と返還を求めて奔走した。強制送還の交換船龍田丸の船上で、ホーレーから拘留中の体験談を聞き、著書に組み入れた。戦後は、昭和二十一年（一九四六）にBBC（英国放送）の特派員として再び来日し、六ヵ月間の取材活動を行なった。その時の滞在記は *Phoenix Cup; Some Note on Japan in 1946* として一九四六年に刊行された。

Traveller From Tokyo（1943）は二部構成で、前半は来日から開戦まで、後半は真珠湾攻撃から帰国までのことである。モリスは多くのジャーナリストを友人に持っていた。とりわけ後半部には、予想もしなかった真珠湾攻撃のことや、日本の警察に外国人がどのように逮捕され処遇されたかなど、日米開戦当時の東京における在日外国人の様子が詳しく記されている。この本は極めて多くの読者を得て、何度も版が重ねられた。一九四三年から四五年までの間に、ロンドンとニューヨークの三ヵ所の出版社から、同一内容のものが形を変えて五種類も出版され、日本に関する情報源として広く読まれた。アメリカで出されたものは、序文でグルー（Joseph C. Grew）が賞賛の辞を呈している。すなわち、西洋の物差しで計ろうとしても理解できない日本人の生活・思考・行動を、モリスが経験に富む観察者として学術的な視点から記していることを評価し、提案された戦後の対日本政策

プログラム案を「日本占領のマニュアル」であると絶賛している。グルーは昭和七年（一九三二）から十七年まで駐日米国大使を務めた人物である。

巣鴨拘置所の取調べ

モリスが交換船上でホーレーから聞いたのは次のようなものであった。十二月八日午前六時三十分、国家総動員法を犯したという理由でホーレー夫妻は自宅で逮捕された。警察の分署に連行され、二人は引き離された。ホーレーはポケットの中身を空にさせられ、ネクタイとズボン吊りを取り上げられた。その後、地下にある五フィート（約一・五三メートル）四方の監房に単独で入れられた。監房ではトイレットペーパーの使用は許されず、冷たい水道の蛇口があるのみでタオルはなかった。一三時間後に、二人は巣鴨拘置所に移された。拘置所では衣服を脱がされ、身体の計測が行なわれた。六×九フィート（約一・八×二・八メートル）の独房はセメント塗りの床で、その上には薄縁《うすべり》、小さな戸棚と水洗便所、洗面台。床に座す以外は、トイレの上にしか座れない。箒《ほうき》と紙の塵取り、木製の屑籠。ゴミの収集は週に一度。囚人たちは、夏は七時、冬には六時に起こされる。三〇分後に点検、朝食は米に麦を混ぜたもので、少量の野菜スープが添えられる。判決を受けるまでは、外国人の囚人たちは刑務所で用意した欧風の食事を許され、日本食を強いられることはない。四日に一度、床屋へ行くことを許された。毎日一〇分間の運動を二五×六フィート（約七・六×一・八メートル）の屋外監房で行なう。互いの認識を避けるため、監房を離れるときは、頭から屑籠のような物で頭部を覆う。昼食には小魚が加わる。就寝は八時。公判を待つ囚人は、月に六冊の本を許される。一〇日に一度、二フィート半（約七・六メートル）四方の個室で、葉書を一枚だけ書くことが許される。判決後は、通信の自由は一切認められない。

ホーレーは巣鴨拘置所に七ヵ月間拘留された。突然の不本意な境遇にもかかわらずホーレーは、「外国人に対するいかなる差別もなかった」「全体的に、日本人より良い待遇を受けた」「実際の刑務所当局は人道的である」と少しも非難はしていない。拘置所の当局は「規則の許す限り、管理下にある人々が耐えられるようにできるだけのことをした」のであるが、「司法警察は極めて間違っている」と強く批判している。戦後にホーレーは何度か拘置所でのことを語る機会があるが、この体験をもって日本人を責めることはなかった。しかし、この拘留で閉所恐怖症になったと家族には語っている。

ホーレーの妻俊子は、短期間で釈放された。自由になると直ちにモリスを尋ね、共通の友人の拘置所での消息を伝えた。モリスは、ホーレー家と親しい関係にある自分がどのような処遇を受けたかを心配してくれ、交換船で帰国するまで食料を届けてくれた俊子に対して深く感謝している。

当時、イギリス情報部員で、のちに著名なジャーナリストとなったマガリッジ（Malcolm Maggeridge）は、交換地のロレンソ・マルケス（現モザンビークの首都マプート）ではじめてホーレーと出会っている。そのときホーレーの印象を、尊敬をこめて次のように記している。

日本人は彼をひどい目に合わせ、気の毒な境遇であったが、それでも相変わらず極めて印象的であった。そのうえ、彼が生涯を捧げて没頭した言語・文化・文学の持ち主である日本と日本人に対して、個人的な悪感情はなんら持っていなかった。歴史の過酷な悲劇への反応として責めるべき誰かを見つけようとするような小人物と違って、彼はもっと大きな鋳型で鋳造された人間であった。思うに、日本で彼の傍らにいたら、その人は、ジョンソン博士（Samuel Johnson）が与えるのと同様な感じを彼から受けるであろう。日本人はこのことを感じ、そして、彼がどのように振る舞おうとも彼を尊敬しつづけた。彼の激しい気質と流儀は、私にとっては個人的な関係を維持するのに困難であった。しかし、私は彼の偉大な存在、計り知れない学識と気難しいまでの学問、そして世俗的な栄誉や個人的な問題に関係なく独自のやり方で人生を生きようとする不屈の意志に対して、私は深い尊敬の念を失うことは決してない。（*THE TIMES*; 1961/1/18. 弔辞）

ホーレーの体験談には、日本に対する悪意のある表現はない。日本人と日本文化を深く理解するホーレーは、官憲を非難する一方で、一貫して日本人に理解と共感を寄せている。ホーレーの体験談を文章にしたモリスもまた、「西洋の物差しを用いず、日本人を理解しうる人物」であった。当時の日本の状況が、この二人によって西欧社会に伝えられ、広く読まれたことに大きな意味がある。

敵産管理法による宝玲文庫の接収

フランク・ホーレーが逮捕され、英国文化研究所は事実上閉鎖され、日本人の職員は解雇された。その後イギリス大使館は、凍結された英国文化研究所とホーレーの財産保全のため、日本外務省と繰り返し交渉を重ねることになった。

財産の凍結と強制送還

まず、翌昭和十七年（一九四二）二月十九日、イギリス大使館は外務省に対して、「英国文化研究所は半官半民的団体」であり「イギリス大使に財産の監督責任がある」ことを根拠に、「蔵書と家具」を大使館に移すように要求した。外務省はこれを拒否した。敵対関係の両国に窓口は存在しない。そこでまず、中立国であるアルゼンチン国の公使館が両国の利益代表国としてその交渉の仲介を行なったが、成果は得られなかった。

このときのアルゼンチン臨時大使であったビーリャ（Erasto M. Villa）が交渉に専心奔走した。彼の貢献をイギリス大使クレーギー（Sir Robert Craigie）は著書*Behind the Japanese Mask*で高く評価している。五月二十二日からはスイス公使館がこれに代わり、イギリス大使館はスイス公使館に対して、「蔵書の保全」と「蔵書の貴重性」を訴えている。しかし、六月五日には、日本国政府はこれらのものを敵国対象物として決定した。

イギリス大使館の交渉は実らなかった。フランク・ホーレー同様に逮捕された人びとと、外交特権により逮捕をまぬかれたものの大使館内に封じ込められていたイギリス人たちは、七月三十日に捕虜交換船龍田丸に乗り、横浜港から交換地であるアフリカのロレンソ・マルケスに向けて出発した。交換船には、イギリス人ほか合計二七〇名が乗船した。イギリス大使クレーギー、レッドマン、モリスたちもこの中に含まれていた。

敵産管理法

日米開戦直後の昭和十六年（一九四一）十二月二十二日、敵産管理法は公布された。この法律は全文一一ヵ条からなるものである。これによって、政府が必要に応じて敵国または敵国人の資産や株券などの財産を接収し、管理人を選任して管理あるいは処分することが認められた。日本人の在外財産も、同様に敵国に接収された。公布の目的を当時の大蔵大臣賀屋興宣《かやおきのり》は、「本邦の在敵国財産の要償担保」、敵国に対する「報復」、「敵国財産の積極的利用」であると述べている（大蔵省編『第二次世界大戦における連合国財産処理』大蔵省印刷局、昭和四十一年一月刊）。翌十七年六月五日の官報（大蔵省告示）には「敵国対象」が公示され、英国文化研究所の名もその中にある。ホーレーの蔵書と英国文化研究所蔵書の敵産管理人として、三井信託銀行が指名された。こうしてフランク・ホーレーの蔵書は、英国文化研究所の蔵書とともに接収された。

ホーレーの青山南町の自宅には、洋書約一四七〇件（約二六三〇冊）と和書約三三六一件（約一万五〇〇〇冊）が集められていた。五つの部屋と廊下や階段下の戸棚に、三〇本以上の書架が配置され、廊下にはカーテンが引かれ、壁と襖は見えないほどに蔵書が積まれ、床の上には無造作に未整理のものが積み重ねられていた。

ホーレーは蔵書の接収を心配し、先に釈放された俊子に目録作りを依頼した。俊子は英国文化研究所の助手を勤めていた照山越子と高見美穂子に連絡を取り、作業に取り掛かった。照山は、記入の仕方に窮すると拘置所に葉書を書いて問い合わせた。急いで書き込まれた蔵書目録は大学ノート五冊に及んだ。急遽作成された目録は、帳面サイズも不統一で、ただ配置された各部屋の書架ごとに書名と著者と冊数がペン書きで列記されただけのものである。

強制送還の前夜、一時帰宅したホーレーに呼び寄せられた照山は、そのときの様子を記している。「青山のお宅に伺うと、ホーレー氏が、私の作った目録を手に、玄関に出てこられた。家の中は何となく取り込んでいるという感じだった。氏は、交換船で英国に帰られるとのこと、夫人はご両親と離れがたく、日本に残られること等々を手短に言われてから、私が目録に（？）をつけた本を、すでに本箱から取り出して書斎に用意しておいて、準備していてくださった」。「蔵書を持ち帰れないなら、せめて目録だけでも自分の傍に置いておきたい」というホーレーと照山は慌ただしく別れた。ホーレーが捕虜交換船で帰国する際、妻俊子は日本に残った。その理由について二人の言い分は微妙に異なる。ホーレーは「俊子は両親を案じて日本に残留した」と語ったが、俊子は「ホーレーが残留を薦め、敵国財産管理法によって接収された蔵書一万六〇〇〇冊の保全を私に託した」という。ロレンソ・マルケスから照山のもとへ手紙が届いた。そこには、「暇さえあれば蔵書目録を見ている」と記されていた。

英国籍の俊子がスイス公使館に蔵書を保全する理由としてあげたのは、次の三点である。蔵書を保管する倉庫は準備した。蔵書は研究のために集めたもので、夫にとってのみ有益である。蔵書はすべて父の資金援助により購入したもので、実際には父のものである。このときの書類の控えには、ホーレーの蔵書の内容が説明されている。「蔵書は大部分が東洋関係書からなっており、次の項目を収めている。古医術、紙漉《かみすき》、日本言語、本草学、動植物学、日本における初期キリスト教、日本文化史、琉球諸島に関する特殊文献、日本宗教、中国に関する特殊文献（主として言語）、日本建築、日本美術、辞書類及び一般言語学文献、書誌学的文献、能楽、蒙古及び満州国に関する特殊文献」とある。これによって戦前の宝玲文庫の概要を知ることができるのである。しかし、俊子の願いは叶えられなかった。英国文化研究所の蔵書三八三冊はその年の十一月二十五日に一五〇〇円で、フランク・ホーレーの蔵書（四七三一件一万七二七三冊）と二〇本の書架は翌十八年の五月十日に慶応義塾大学図書館に総額六万円で売却された。

この法律により個人の蔵書が没収されたのは、フランク・ホーレーに限らない。ホーレーの友人であった歴史学者ボクサー（Charles R. Boxer）の蔵書も同様に接収されたのである。ボクサーはホーレーとほぼ同時期に来日し、日本とオランダ・ポルトガルとの交易史を研究した。日本で英語教師の経験を持ち、親日家・蔵書家としてもよく知られていた。戦争中、イギリス軍参謀長少佐として香港にいたところを日本軍の捕虜となり、体に障害を残すほどの厳しい拷問を受けた。しかしホーレー同様、この体験をもって日本を非難したことは一度もなかった。ボクサーの蔵書一六二七冊は、上野の帝国図書館（国立国会図書館）に移され、特定の研究者に利用が許可されたが昭和二十一年（一九四六）一月二十五日に、いち早く返還された。

欧州での戦争が終わり、日本の敗戦が確実になったころから、ホーレーはあらゆる人脈を駆使して、自分の蔵書の行方を捜索しはじめ、奪還の方法を模索した。一九四六年（昭和二十二）二月十九日に、ボクサーはホーレーの蔵書の行方を案じて、自分の経験を次のように書き送った。自分の蔵書は上野の帝国図書館にあり、湿気からカビが発生していたものの保存状態は良好であった。ホーレーがまだG・サンソム卿に問い合わせていないのは残念なことで、慶応義塾図書館が空爆されていなければ問題はなく、東洋文庫の石田《いしだ》幹《みき》之助《のすけ》やピント（Pinto）、GHQのフレッディ・マンソン大佐（Col. Freddie Munson）、ウォッツ（Watts）、オスカー・モーランド（Oscar Moreland）は有力な協力者である、と伝えている。

戦時中のホーレー

フランク・ホーレーが戦時中をどのように過ごしたかについて詳しくはわからない。晩年この時代を回想する中で、様々な仕事に関わったことを次のように語っている。「イギリスについてから赤痢にかかり一年間滞在した後、ワシントンとニューヨークに旅行した。その間にBBC（英国放送協会）の顧問をして外務省でも働いた」「ワシントンではイギリス大使館のG2（アメリカの情報機関）の仕事をしていた」「外務省やBBC、ワシントンの大使館での任務は、日本に関する資料を整理し、日本人に受け入れられる放送のアドバイス、そしてG2では入手した日本兵の日記や戦場の指示を翻訳」「ワシントンの大使館には、戦争の終わる一、二週間前まで滞在した」「ロンドンに帰ってからは、終戦の翌年の三月まで勤務、中国を通じて日本の政治を分析していた」。

昭和十九年（一九四四）十月十日、イギリスのリバプール港に帰着したホーレーは、赤痢を患ったという。その前後、日本にいたころに要請のあったロンドン大学のSOAS（東洋学校）で、日本語の講師を勤めた。イギリスの大学が、日本研究者の養成においてその役割を充分に果たすのは、第二次大戦中である。ロンドン大学東洋学校とベッド・フォード・スクールでは、日本語科教授ダニエルズ（Frank James Daniels）と元駐日武官ピゴット（F. S. G. Piggot）によって、戦時対日要員のための日本語集中講座が組織され、数百名の学生が送り込まれた。戦後の大学における日本研究の指導者のほとんどは、その中から育つのである。D・ミルズ、ロンドン大学のC・ダン、P・G・オニール、R・

P・ドーア、ダーラム大学のL・アレン、大英博物館のK・ガードナーなどは、ホーレーから日本語を学んだ。またロンドン大学のW・G・ビーズリー、I・ニッシュ、オックスフォード大学のG・R・ストーリーも戦時の日本語将校としての訓練を他の機関で受けている。イギリスの日本研究には、その時々の必要に応じて随時なされるという伝統がある。つまり、その時代に必要とされる人たちが、必要に応じて生み出されるということである。この学校については大庭定男の『戦中ロンドン日本語学校』（中公新書）に詳しい。ホーレーがリバプールに到着した後の十一月十五日に、ロンドン大学を去った恩師吉武《よしたけ》三郎が寂しく亡くなっている。吉武とホーレーは再会できたのであろうか。ホーレーは、ロンドン大学で自分を助けてくれる人物として、イセモンガー（Comader N. E. Isemonger）と吉武の名をいつも挙げていた。日本研究に深入りしたのは吉武との出会いがきっかけで「立派な先生でした」と後年語っている。その吉武に代わって、ホーレーがロンドン大学で日本語を教えることとなった。

しかし、教鞭をとった期間は短い。六ヵ月後、ホーレーはBBCの日本語放送番組に顧問として加わった。BBCは外国語の番組を持ち、世界中の紛争のある地域に向けてその国の言語で放送するという方針をとっている。日本語放送は日本との開戦によって開始され、日本の事情に詳しいホーレーやジョン・モリスはその番組の「設立要員」に加わったのである。ホーレーの役割は「スイッチ・センサー」で、日本語放送を視聴し、不適切な内容が含まれていた場合は、直ちに番組を切り替える判断を下すのであった。極めて日本語に堪能な人材として、ホーレーの協力が求められたのである。同僚には、伊藤愛子、クラーク、トンキンなどがいる（『こちらロンドンBBC』サイマル出版）。

その後、ホーレーはイギリス外務省からワシントンのイギリス大使館へ派遣された。連合軍G2で、日本軍の情報分析に関わった。この時期、イギリス大使館に勤務していたカナダ人女性のグイネス・タンブールと、ホーレーは知り合った。終戦数週間前にロンドンに帰ったホーレーは、外務省で日本の政治分析の任務のかたわら再来日の道を探っていた。

イギリスの公文書館にフランク・ホーレーに関するファイルが保存されている。日本に関する情報の専門家を求めるワシントンからの依頼に対して、外務省が、ホーレーを推薦したものである。日本情報の専門家として、ホーレーは外務省で認知されていた。友人のレッドマンがホーレーの就職のために奔走した。その結果、ザ・タイムズ社とのつながりを得たのであった。

ザ・タイムズ特派員と日本研究の再開

特派員への道

復帰の糸口を求めて

対日戦争の終わる一週間前、ホーレーはワシントンからロンドンに戻った。次の就職先を探すために、ロンドン市内のトラベラーズ・クラブに滞在した。このクラブは、ペル・メルに位置し、現在も格式ある会員クラブとして存続し、近くには他の名門クラブも多い。外交官や特派員、外務省関係者など、外国旅行の経験のある男性だけが会員となり得る。

ロンドンにあって、ホーレーは日本へ戻る道を探って奔走した。最初に試みたのは、押収された蔵書を回収するために、閉鎖された日本の英国文化研究所を再開させることであった。押収蔵書にはホーレーの蔵書も含まれていたのである。一九四五年（昭和二十）八月二十二日、ホーレーは一三項目にわたる長文の書簡をブリティッシュ・カウンシルのセイモア（Seymor）とホワイト（White）に書き送り、日本における英国文化研究所および日本アジア協会の蔵書の返還と活動再開の必要性、非アングロサクソン民族の支配下に日本を置くことの危険性、を説いた。つまり、日本をアングロサクソン民族の影響下に置き、民主主義を広めることが、軍国主義の一掃に役立つ。そのために、日本での経験と知識が豊富で知人の多い自分を、ぜひとも派遣して欲しい、と強く訴えているのである。しかし、確かな手ごたえはなかった。

ザ・タイムズ社に就職

次に仕事を求めて外務省に働きかけたが、十一月二十四日、その可能性がない旨の書簡が外務省から届いた。日本問題の専門家を自負するホーレーにとって、外務省との関わりは頼みの綱であった。失意のホーレーに、翌一九四六年二月十八日、ザ・タイムズ社から一通の書簡が届き、新たな可能性が開けた。書簡には、「会って話をしませんか。日時は（二十一日）午後五時三十分。貴殿が結論を求めていることを了解しています」とあった。差出人のバーリントンワード（Barrington-Ward）は、一九四一年に前任者ドーソン（Geoffrey Dawson）の後を引き継いだばかりの、周囲からも期待されていた新進気鋭の編集長であった。

ザ・タイムズ社の文書室には、個人ファイルが保管されている。この他にも上司とホーレーとの書簡、雇用関係の書類、送信された記事などが存在するに違いないのだが、それらについては確認できなかった。閲覧できたホーレーの個人ファイルの冒頭に、一枚のメモが綴じ込まれていた。メモには“I think that this man ought to be worth an interview.”（会ってみるだけの価値がある人物だと思う）と短い文章が、タイプで打たれていた。発信人のイニシャルはR・M・B・W。宛先はキャセイとデーキン、日付は一九四五年十一月二十八日。ホーレーに外務省から書簡の届く四日前のことである。発信者はバーリントンワード、宛先人は、後にホーレーの上司となる外信部長デーキン（Ralph Deakin）と、バーリントンワードの後任となるキャセイ（William F. Casey）である。メモの下には、“I shall be glad to see him, if you wish. RD”（お望みなら、喜んで会いましょう。R・D）と鉛筆で走り書きされている。この一枚の伝言メモがホーレーの人生を決定づけた。日本へ帰る道が開かれたのである。宝物のように大切に集めた蔵書（宝玲文庫）と、妻俊子の待つ日本へ戻れる。やっと、その機会が巡ってきたと、ホーレーは感激したに違いない。二月二十一日午後五時三十分、バーリントンワードはデーキンと共にホーレーと面談し、東京特派員の話が決った。給与は年俸八三〇《ポンド》と経費三六〇《ポンド》であった。

このファイルには、経緯書簡類も含まれていた。時には遠慮がちに、時には性急に回答を求め、自らを売り込むホーレーの書簡。ホーレーの処遇と新任特派員訓練について検討する編集長と外信部長とのやり取り。ホーレーを強く推薦するピゴット（Francis Stewart Gilderoy Piggott）将軍から編集長への紹介書とその返書。文書室のキャビネットには、ホーレーの生涯の後半を決定した、ザ・タイムズ特派員採用の顚末の記録が残されていた。

この好機を逃すまいとホーレーは、次のように自らを売り込んでいる。「貴殿が、ザ・タイムズ社において適切な訓練を受けた後に東京へ派遣する契約を、私と結ぶことについて検討されていることを、デーキン氏から聞きました。実に感謝しております。派遣してくだされば、私の仕事に満足されると確信しております。現在東京の報道外交官であるレッドマンも、私がその種の仕事に適任であると考えると確信しております。彼との長い関係から、二人で共にタイムズ社と大英帝国の利益のために働きます。レッドマンについてつけ加えれば、彼は東京のアメリカ社会に繫がる多くの友人を持っております。マッカーサー将軍最高幹部のひとりからは、充分な協力が得られると信じています。できるだけ速やかに着手したいと望んでいます。なぜならば、私が優れた特派員であることを貴殿とデーキン氏に納得していただきたいからであります」（一九四六年二月十五日付書簡）。

ホーレーのザ・タイムズ社の入社に際しては、強力な後援者があった。英国文化研究所時代に深く関わった元駐日イギリス大使クレーギ、ロンドン大学東洋学校戦時日本語学校の創設者のひとりである元駐日武官ピゴット将軍や、情報局のレッドマンである。ピゴットはホーレーの語学力と日本知識を高く評価して、編集長のバーリントンワードに次のように書き送っている。「私の父も同様であったのですが、偉大なキャプテン・ブリンクリー（Captain Brinkley）と後年のヒュー・バイアス（Hugh Byas）とは長年親しい友人であったので、特派員のモールに最も新しく名を連ねる人物に、私が関心を寄せるのは当然のことです。私のように、ホーレーの傑出した語学の知識を知っている者にしてみれば、貴方のところに届いているであろう（特派員として迎えることへの）賛同のコーラスに、私も声を添えたいと心から思っております」（一九四六年四月三十日付書簡）。

入社して最初の三月間、ホーレーはザ・タイムズ社の記者としての研修を受けたが、訓練の内容については不明である。東京からホーレーが打電する記事に対して、上司のデーキンは、折に触れて簡潔にまとめるように指示している。打電する単語の数は、そのまま通信費、すなわち製作原価に反映されるのである。また、紙面には制限がある。簡潔にして明快は、新聞記事の大原則である。しかしこのことは、ホーレーにとっては常に受け入れがたい課題であった。詳細正確に記すことこそ、研究者の基本姿勢であるからである。ザ・タイムズ紙の思い出を記したルイス・ヘレン（Louis Heren）の著書（*Growing Up on The Times*）には、当時の実情が詳しく記されている。デーキンは極めて簡潔な短文記事を要求する編集者であったという。ヘレンは若い時からザ・タイムズ社に勤務し、後に特派員として中東に派遣され、朝鮮戦争でモリソンとともに特派員となった。一時期はホーレーと共に戦時報告の記事やマッカーサーとの会見記事を送っている。

学位への壁

出発を目前にしたホーレーの大きな課題は、博士学位の取得であった。昭和九年（一九三四）に、日本からリバプール大学へ提出した修士論文は受理はされていたが、学位が授与されたのは交換船で帰国した年であった。ハワイ大学への就職が実らなかったのも最終的には給与の問題ではあったが、博士学位を持っていないことに起因していた。研究者としての地位を確保するために、ぜひとも学位を得たいと考えたのである。これはホーレーに限らない。日本の外交史やロシア革命期の研究をしたボレスロー（Szczesniak Boleslaw）も、当時早稲田大学へ学位を申請しており、その確認をホーレーに託している。ホーレーはロンドン大学に学位取得の可能性を問い合わせていたが、ターナー（R. L. Turner）からその回答が届いた（一九四六年四月十一日付書簡）。書簡には修士号が他大学のものであるためロンドン大学の在外大学院生としては認められないと記されていた。ホーレーは日本に渡る前にロンドン大学で満州語を教え、強制送還後は日本語を教えた。知人も多く、因縁も深いロンドン大学で学位を取得しようと計画したが、大学規則の壁に阻まれたのである。

東京特派員として

国際記者倶楽部へ逗留

一九四六年（昭和二十一）七月五日にロンドンの空港を出発したフランク・ホーレーは、カイロ―バスラ―カラチ―カルカッタ―ラングーン―サイゴン―香港―上海―岩国を経由して、七月二十八日、ようやく念願の東京に戻り着いた。途中カルカッタでは黄熱病予防証明書の不所持容疑で隔離されそうになり、ビルマのチタゴンでは不時着事故にあい、香港では移動手段を確保できないまま二週間も滞在しなくてはならなかった。巣鴨拘置所以来の閉所恐怖症に悩むホーレーにとって、決して楽な旅ではなかった。

東京の中心部は空襲で破壊され、焼け残ったビルはＧＨＱに接収されていた。終戦から一ヵ年を過ぎた東京は、復興に向けて動いていた。特派員ホーレーの最初の落ち着き先は、中央区銀座（第一新聞街）の東京特派員倶楽部《クラブ》であった。この建物に連合国の主だった通信社の記者たちが雑居していた。東京特派員倶楽部は、日本に進駐してきた連合軍各国の記者たちが、軍の規則に縛られない取材活動を確保するために作った宿泊施設である。発起人たちが三〇〇ドルずつを出し合い、丸の内会館の二階から五階までを改造して使用した。昭和二十年十月の設立時の規約前文には、宗教・政治・人種偏見のない国際的な組織であることが掲げられている。主にアメリカ、イギリス、フランス、オーストラリア、中国の記者たちが中心をなし、ロシアの記者たちは含まれなかったという（ジミー・堀川談）。維持にあたっても政府や特定団体からの援助を一切拒否することで、報道の中立性を保った（鷲田康太郎談）。ホーレーは代々木上原一一二五番地の接収家屋（U・S・ハウス六六四）に移るまでの二年間をここで過ごした。

ザ・タイムズ東京支局開設と特派員活動

まず、ザ・タイムズ社の事務所を開設しなくてはならない。戦前からの関係で朝日新聞社本社の七階に事務所を置き、「ザ・タイムズ東京支局」の看板を掲げた。その後、敵産管理法によって押収された蔵書が日本政府から返還されるに際して、保管場所を確保する必要性から、丸の内の

「千代田ビル」内の一角に事務所を移すことになる。事務所開設にあたって、ジープを購入し、秘書を雇い、国内の邦字新聞・英字新聞の予約をし、国内新聞記者との昼食会を主催して顔つなぎをした。家具や暖房用の器具を揃え、しだいに事務所の形を整えていった。ここから日本が復興していく様を世界に向けて発信しはじめた。戦前に英国文化研究所の秘書をしていた照山越子は、九月にホーレーと再会し、再び秘書としてザ・タイムズ社に勤めることになった。

特派員としてのホーレーの仕事は、主として記事の取材と配信、そして外国新聞社特派員という肩書に求められる活動であった。仕事は次のようなものであった。夜十一時ごろにプレスクラブへ出勤、ニュースを検討、午前一時ごろにロンドンに記事を打電し、朝日新聞社などを廻り、昼ごろに帰宅して昼食。この繰り返しであったという。深夜の打電は、ロンドンとの時差によるものである。

秘書であった照山は、自分たちは昼間の勤務で、夜はグイネス・タンブールがホーレーの手助けをしていたと語っている。カナダ人グイネス・ローラ・タンブール（Gwynneth Laura Tambure）はドミニオン・スチール・エンド・コール社支配人であるハバート・タンブールの娘。トロント大学を卒業後、大学に残り政治経済学部で助手を務めた後、ワシ

図13　ホーレーとグイネス，『ユース・コンパニオン』誌掲載

ントンへ移った。ホーレーがワシントンで軍事関係の仕事をしていた時期に知り合い、ホーレーの帰国後、彼を追ってイギリスへ渡り、駐日イギリス大使館の秘書として来日した。ホーレーは、昭和二十三年（一九四八）二月五日に俊子と協議離婚し、三月六日にグイネスと結婚した。二人の間には長男ジョン・ハーバード（John Harvard）と長女フェリシティー・アン（Felicity Ann）が生まれた。グイネスはいつもホーレーから研究の構想を聞かされていた。天才的な語学の能力を持ち日本文化に博識なホーレーが、「アーネスト・サトウやジョウジ・サンソム卿のようにイギリスの偉大な東洋学者の後継者であることを、立証することが常に夢でありました」とのちに彼女は語っている。ホーレーを日本研究の学者として尊敬し、熱心に研究の手助けをした。これに加えてホーレーの特派員としての事務的な仕事を全面的に助けた。原稿をタイプし、本社から送られる掲載記事を切り抜き、原稿に添えてファイルした。戦後の復興期の日本の様子をホーレーは世界に向けて発信し

た。その内容をつぶさに知りうるのは、すべての原稿を整理し保存したグイネスの功績である。

グイネスによれば、当時のホーレーの仕事は次のようなものであった。①毎日の新聞を閲覧し、ニュース価値のある記事を切り抜く。②政府機関からの新聞発表からニュース性のあるものを取り出す。③共同通信社の日報を確認。④日本出版の英文雑誌、英米国の雑誌新聞の確認。⑤日本人の助手の作成したニュース報告書についての検討。⑥GHQ関係書類の検討。⑦通信員会議への出席。⑧在日連合軍理事会への出席。⑨戦争裁判へ出席。⑩関係者との面談。⑪『ザ・タイムズ』紙掲載記事の編集を確認。⑫配信提携を結んでいる『朝日新聞』へ送る『ザ・タイムズ』紙記事の選別。⑬『ザ・タイムズ』紙の「二面」記事作成。

朝鮮戦争の始まるころまでは、秘書の照山と朝日新聞からの派遣社員恒川真のほかに同僚はいなかった。他社の特派員に比べて、極端にスタッフが少なかったうえに極めて激務であったと、のちにホーレー自身は語っている。配信した記事をニュース・電文（Note & Telegram）の他、三つ（Turnover, Mailer, Back Ground Report）に分類し、記事の打電原稿と掲載記事の切抜きを合わせて綴じて自身の資料として残している。昭和二十一年九月からタイムズ社を辞めるまで、都合約三〇〇〇件の記事を打電した。特派員の事情に詳しい大房順之助は、戦前はザ・タイムズとニューヨーク・タイムズの特派員を兼任していたヒュー・バイアス（Hugh Byas）のもとで働き、戦後は『ニューヨーク・タイムズ』紙（*New York Times*）東京支局の支配人を勤めた人物である。大房はホーレーの話す言葉には関西訛《なま》りと女性的な優しさがあった、と思い出しながら次のように語った。戦後も僅かの間は、ニューヨーク・タイムズの特派員がザ・タイムズの特派員を兼ねていたが、その後、ホーレーが専任としてやってきた。当時、ニューヨーク・タイムズに属するスタッフは一〇人、これに対してザ・タイムズはホーレーがひとりで担当した。ホーレーは「学者肌」で、新聞記者の経験はない。本人もそのことを自覚しており、たびたび大房に記事の書き方や取材の要点についてのアドバイスを求めたという。同様に、本社のデーキン（Ralph Deakin）外報部長にも指示を乞い、デーキンは詳しく指導していた。大房はこのホーレーの真摯な姿に打たれたという。記事を書くことの難しさは、記事内容の報道価値を測ることにある。コメントは誰に求めるか。どの通信手段を選ぶか。内容に応じて記事の長さを決めるが、『ザ・タイムズ』の場合は紙面も二ページに限られ、簡潔明瞭が求められた。あるとき、ホーレーは記事の正確さを示すために「年月日」を明記して打電した。

これに対して、ロンドンから「今日」とか「昨日」で充分だ、と強く指示されたという。因《ちな》みに、一九五〇年（昭和二十五）六月にザ・タイムズが支払った電報料は、四一万七四二一円であった。

経済状況

当時ホーレーが苦心したのは、現金の入手であった。経費と報酬は保証されて来日したが、問題は為替《かわせ》の制度と物価の変動にあった。昭和二十一年当時は、外貨はドル建てで、ポンドは円にもドルにも交換が難しかった。当時の一ポ《ポン》ド《ド》は日本円で六〇円、一年後には二〇〇円の換算レートであった。軍票A円の一五円は一ド《ド》ル《ル》、二十二年の三月以後は、一ド《ド》ル《ル》は、五〇円にまで上昇していく。イギリス大使館から前借し、ニューヨーク・タイムズから、さらには業務提携の朝日新聞からも現金を円で立替え払いとして受けとっていた。昭和二十一年当時の公務員の給与は、五四〇円。二十三年には二三〇〇円に、三十六年には一万四二〇〇円まで上昇した。

「ザ・タイムズ特派員の地位はイギリス大使に匹敵する」と、かつてホーレーは家人に語っていたが、これは経済力と社会的立場を意味している。ホーレーの給与は、年俸八三〇ポ《ポン》ド《ド》を保証されていた。昭和二十二年十一月までの換算率なら四万九八〇〇円、十二月以降の換算なら一六万六〇〇〇円にもなる。社会的にも、当時の外国紙特派員は、大きな影

図14　晩年の宝玲俊子

響力を持つ権威ある存在として日本人から特別な眼で見られていたと、大房は語っている。取材を求めれば、先方は時間前から準備して待っていた。記事に取り上げられることに大きな意味があり、期待が込められていた、という。

ホーレーは、特派員としての仕事の傍ら、神田近辺の古書店を熱心に巡り、琉球や和紙の研究を進めた。古書籍商の村口四郎は、戦前にグーリックから名前を聞いていたが、昭和二十六年（一九五一）の夏にホーレーが店を訪れたのが初対面だったと語っている。こののち長く、村口とホーレーとは、店主と客を超えた親しい関係を保ちつづけることになる。

ホーレーは『ザ・タイムズ』紙の特派員として日本へ戻ったが、戦時の期間は妻俊子との距離を遠ざけた。イギリス生まれの若き学究の徒として来日したフランク・ホーレーは、二十四歳だった。高給の外国人教師として出発し、日本語に堪能な外国人日本研究者として認められた。妻俊子の実家である美野田家の財力に助けられて一万六〇〇〇冊の蔵書を集め、英国文化研究所の責任者となった。そして、開戦によって一〇年ぶりにイギリスへ戻り、再び西欧社会の生活が始まった。三十五歳だった。日本とイギリス、この二つの世界を行き来したホーレーの内側に生じた変化。住む世界が変わるごとに生活の基盤が変わり、経済的にも社会的にも上昇した。この変化に俊子も美野田家も無力であった。昭和二十三年二月五日、横浜のイギリス領事館において、二人は協議離婚した。ホーレーは山科へ移ってからも、俊子やその妹栄子、岳父美野田琢磨に著書や松茸を贈り、書翰で労《ねぎら》っている。七十九歳になった琢磨は送られたホーレーの著書を読み終え、その出来栄えを賞賛するとともに丁寧な助言も書き送っている。離婚後も両家の関係は途絶えなかった。俊子は英国籍のまま、外国人登録を繰り返し、昭和四十九年（一九七四）に宝玲の名で日本の戸籍を設けた。ホーレーの没後、京都の教会で葬儀を執り行ない神戸の外国人墓地に墓碑を建てた（昭和三十九年十一月十八日）のも俊子である。俊子は、平成十一年二月八日に没した。

外国紙特派員の影響力

当時ホーレーが非常に多くの日本人と会見したことは、残された名刺からわかるが、その中には文化人のものも多い。全国各地から取材や講演の依頼が数多く寄せられた。政治家、企業家、文化人ばかりでなく一般読者からの書簡もある。いずれも、日本語に堪能なイギリス新聞特派員の社会的な影響力に期待するものであった。

昭和二十六年（一九五一）九月十九日、渋谷区猿楽町のホーレー邸を市川房枝《いちかわふさえ》・神近市子《かみちかいちこ》・鬼頭《きとう》みつ子の三名が訪問したと、宮良當壯《みやらとうそう》は日記に記している。宮良はホーレーの研究を補助するためにホーレー邸に通っていたのだ。約半月後の十月五日、『読売新聞』に「崩れゆく自由」と題したホーレーの署名記事が掲載された。これは、連載特集「外人記者の直言」の一部である。この記事でホーレーは、婦人少年局の廃止案を取り上げ、日本政府はマッカーサー元帥の民主化路線を修正しつつあり、「旧日本」の復活ありとして強く批判したのである。

昭和二十四年（一九四九）一月二十七日、前日の法隆寺金堂の焼失を、ホーレーは次のように報道した。

Japanese Treasures Burned（日本の宝焼失）。Unique Paintings in Horyuji（法隆寺の貴重な絵画）。一月二十七日発信。大阪の東、奈良の近くにある法隆寺の、一二枚の貴重な壁画のうち一一枚が、本日火事のために失われた。およそ一三〇〇年前のものだった。壁画を模写する画家たちのために用意された電気座蒲団の過熱が出火の原因と見られる。この深刻な損失は、日本の文化財の将来に関して全般的な不安を呼び起こす。日本人は、これらの海外流失を許さないことを決め、さらに近隣諸国から分捕ったすべての文化財にまでこの態度を広げようとしている。彼らは連合国司令部から幾らかの援助を受けているが、日本は極めて僅かしか略奪していないと信じられているのは明らかである。しかしながら、文化財を保存するために殆ど何の努力もなされていない。昨年大蔵省がすべての寺院にたいして計上した金額は、法隆寺一つを修復するのにも不充分である。日本の新聞が述べているように、国宝に指定されている建築物の多くは、迅速に修復がなされなければ五年以上はもたないであろう。必要とされる金額は今のところ用意されていない。（文化財）無視の最悪例の一つが、前タイムズ中国特派員が収集したモリソン文庫である。このきわめて貴重な蔵書は、三年以上も日本北部の村に、本をただ縄で括ったまま雨雪からの保護も不充分な状態でほったらかしになっている。日本人は賠償金を要求されないことを望んで、蔵書が連合国の手に落ちるよりはむしろ消失するほうがよいという見解だ。

モリソン文庫（現在、東洋文庫に所蔵）に言及し、接収財産としての図書の取扱いについての批判は、ホーレー自らの体験に裏付けられた言葉であった。同二十七日の『朝日新聞』は、ホーレーの談話を顔写真と共に取り上げた。見出しは「取扱いが下手」であった。ホーレーはフランス人ボードアイエ（L. J. Vaudoyer）とアメリカ人アッカー（W. Acker）を法隆寺金堂の研究者として挙げ、金堂の焼失を惜しみ、「デタラメ」状態の文化財保護を批判している。この事故が契機で文化財の保護への関心が集まり、翌年の五月三十日に文化財保護法が公布されたのである。

朝鮮戦争が始まり、東京発信のニュースは急増した。ホーレーは睡眠がとれないほどの多忙な日々が続いた。加えて従軍記者として戦地へ赴くことになるという不安が、日々濃くなった。この頃、ホーレーの酒量が増えたという。やがて、スタッフの不足を補うためにイアン・モリソン（Ian F. M. Morrison）が東京へ派遣されてきた。モリソンは北京で生まれて、ケンブリッジ大学のトリニティー・カレッジを卒業、昭和十年から十二年まで北海道大学で英語を教授した。その後、昭和十二年（一九三七）から十六年まで、クレーギー駐日大使の私設秘書を務めた。昭和十六年に『ザ・タイムズ』紙の戦時特派員となり、シンガポールに駐在していた。イアンは、一八九七年から一九一二年まで『ザ・タイムズ』紙の中国特派員であり、のちに中国政府の政治顧問となったG・E・モリソン（George Ernest Morrison）、すなわち東洋文庫図書館「モリソン文庫」を遺したチャイニーズ・

モリソンの息子である。イアン・モリソンの著書としては、*Our Japanese Foe* や *Grandfather Longlegs*・*This War Against Japan* など日本滞在の経験を生かしたものや戦時特派員の体験に基づくものがあり、ホーレーとは親しい仲であった。戦時特派員の経験のあるモリソンが朝鮮戦争の従軍記者となって派遣されていった。戦場へ出かける前に、モリソンはホーレーの秘書照山越子に案内されて、日本橋の丸善でシェークスピアの著書を買ったという。戦場から帰ったらもう一度案内すると彼女は約束したが、一ヵ月後の昭和二十五年八月十二日、約束は果たせぬままモリソンは戦場で殉職した。モリソンの後任としてルイス・ヘレンが派遣されてきた。ヘレンはザ・タイムズ社のメッセンジャーとして入社してから、中東関係の特派員となり戦時特派員の経験は長かった。ホーレーは、彼らが戦場から絶え間なく打電してくる戦況を、整理してロンドンに送った。

マッカーサーとホーレー事件

宝玲文庫の奪還

ホーレーは、蔵書の奪還のために何としても早く日本に戻りたかった。ロンドンにおける就職活動は、そのためのものであった。ロンドン滞在中に有力者からの紹介状を得たホーレーは、日本に到着の直後から、GHQやイギリス大使館の協力を頼りに接収された蔵書の行方と安否を探っている。何度も図書館を尋ねて返還を催促し、欠本があればそれを追及している。この経緯と図書館側の無念の思いは『慶応義塾百年史』、『慶応義塾図書館史』、『三田評論』（柄沢日出雄「フランク・ホーレー文庫蔵書について」一九六一年七月）等に詳しく述べられている。両者の言い分は次のとおりである。ホーレーとしては、不本意にも帰国を強いられて大切な蔵書は接収された。蔵書の完全返還を求めるのは当然のことである。そのために再び日本に来たのだ。慶応義塾図書館としては、接収財産の処分対象となった「宝玲文庫」を合法的に正当に購入したのである。東京大学や早稲田大学の図書館は一括購入に応じなかったのに、これをかなえたのは我が図書館である。五月二十五日の空襲で、「本館の旧書庫の屋根裏全部」「書庫以外の全部」が焼失した。被害を被った図書を移動している間に紛れることもあった。完全返還を厳しく求めるホーレーとのやりとりには、図書館員が「馬鹿野郎」と怒鳴る場面もあったという。「敗けた国というのは、いかに惨めであるかということを私はしみじみ感じました」と当時の図書館長野村兼太郎は語った。ホーレーは取り戻した蔵書を丹念に確認し、日本政府に対して「未返還図書目録」を提出し、欠本となった蔵書の本扉には「慶応義塾大学に奪われた、まだそこに存在する」とペン書きで記している。執念ともいえる熱意で蔵書の奪還に向かったのだ。昭和三十五年（一九六〇）には、返還に応じた慶応義塾図書館に対して、日本政府は八五万七九五二円を補償金として支払っている。約二割の「未返還本」が確認され、ホーレーに対して、相当額の補償金が支払われた。一部の図書には受入の証として義塾は蔵書印を押したが、返還に際してはこれを抹消する暇もなかった。そのために、ホーレーの死後に宝玲文庫が売り立てられたときに図書館の蔵書印の付された図書が市場に出て、不審を買うことになった。

マッカーサー元帥との会見

マッカーサーの報道嫌いは、広く知られていた。ジョン・ガンサー（John Gunther）は著書『マッカーサーの謎』で、マッカーサーは、記者会見を嫌い、昭和二十二年にプレス・クラブを訪問して以降は会見していないという。しかし、フランク・ホーレーの場合は異なっていた。「二、三ヵ月おきに、マッカーサーとの単独会見をしていた」とホーレーは語っており、事実、ロンドン・タイムズに送付した報告書「バックグラウンド・レポート」（昭和二十二年十一月二十八日を最初として、二十四年十二月十四日まで）には七回分の会見記録があり、マッカーサーの占領観をはじめ、世界情勢分析、日本観などが語られている。

ホーレー事件

朝鮮戦争勃発の直前、ホーレーの記事が原因で、イギリス議会を巻き込み、世界の新聞が書きたてる事件が生じた。昭和二十五年（一九五〇）六月六日、ホーレーは「マッカーサー指令による共産党員二四名の追放」と題する記事を打電した。これは、マッカーサーが共産党中央委員の公職追放を吉田茂首相宛書簡で命じたことに始まる事件である。共産党は非合法化され、一万数千人が追放された。これらに抗議するデモを鎮圧するために、ＧＨＱは警官隊に拳銃を携帯させた。ホーレーは、「デモの鎮圧は憲法違反である」と記し、「警官たちは暴徒に拳銃を奪われた場合の報復を恐れて武器を放棄した」と報じた。これに司令部は激怒した。

六月八日昼、イギリス大使館では故ジョージ六世の誕生日パーティーが催されていた。アーモンド准将（E. M. Almond）は、その日の主人役であるガスコイン駐日英国政府代表に、ホーレーを日本から追放するのがマッカーサーの意向なので、直ちに出頭して元帥の意見を糺《ただ》すように、と告げた。同日夜、GHQに出向いたガスコインとホーレーに対して、アーモンドはホーレーを「好ましからざる人物（Persona Non Grata）」と決めつけ、彼の追放を求めたのである。この要求に対してガスコインは、イギリス政府とザ・タイムズ社とは無関係であり、イギリス外務省はホーレーに対して退去を命じることはできない、と返答した。ホーレーは記事の一部に誤解があったことを認め、十二日に「警察はGHQから提供された拳銃よりもさらに効果的な武器を求めていた」「イギリスの警察と同様に犯人逮捕などの状況下において拳銃を携帯したいと望んでいる」という訂正内容を打電したが、前半の部分のみが記事として掲載された。それまでにもGHQは、一〇人もの特派員や関係者を「好ましからざる人物」として、事実上日本から追放していた。このときホーレーが最も恐れたのは、やっと取り戻した蔵書を残して再び日本を去る事態になることであった。外国人記者倶楽部の仲間はこのことを大きく取り上げた。各国の新聞（「戦禍のロンドン・タイムズ紙特派員、マッカーサー元帥電文記事に異議をとなえる」『モントリオール・スター』、「ロンドン・タイムズ特派員、〝好ましからざる人物〟とされる」『モントリオール・ガゼット』、「マッカーサー元帥のイギリス特派員への脅威、保安上の問題として糾弾、特派員報道は総司令部の方針に従うべし」『マンチェスター・ガーディアン』、「日本のイギリス報道員は警告された、ザ・タイムズ特派員はマッカーサーの最高顧問から〝好ましからざる人物〟と呼ばれた」『ニューヨーク・タイムズ』、「事件の裏面、警告を受けた記者はその任務を知っている」『アルガス』）がこの事件を掲載した。ザ・タイムズ社もホーレーを全面的に支持した。イギリス各紙はこの問題を「報道の危機」と受け取ったのである。イギリス議会でも数日にわたって賛否の議論があった。

一記者の追放問題が外国報道機関への干渉問題となり、イギリスに対する司令部の干渉問題、「報道の自由」問題へと広がった。この事件には別の意味が含まれているという見方もある。連合国は米軍とイギリス連邦に組みするイギリス派で構成され、両者は占領当時から主導権をめぐって争っていた。この問題は、氷山の一角にすぎないというのである。ホーレー事件の結末は、次のようになった。アーモンド准将は、議論は二人の個人的なものであること、政策批判を問題としたのではなく破壊分子を助長するかのような記事の不正確さを取り上げたのである、との声明を発表した。GHQ側が折れて、ホーレーは特派員として日本に留まった。しかし、翌年の末、ロンドンの本社に出向いたホーレーにローデシア特派員の席が提示され、ホーレーはこれを受け入れなかった。ザ・タイムズ社の経営陣が交代した昭和二十七年二月、フランク・ホーレーは退職した。占領政策が終了し、ひとつの時代が終わったのである。

『七つのカーテン』(「マ司令部・ホーレー事件の内幕」昭和二十七年八月、鱒書房)で、ホーレーは事件の顚末を詳述し、事件をマッカーサーと彼を取り巻く陣営の問題であるとしている。続けて次のように述べている。「これから将来の長い間、日本の言論界は憲法二十一条の規定が名実ともに遵奉されるように闘わねばならない。これは重要な責務だ。なぜかというと、万が一にも日本の言論界がひざを屈するならば、現代日本の民主主義的な全てのものが、ガラガラと音をたてて崩れ去るからだ。(中略)旧総司令部の高級軍人にとっては、日本憲法は不可侵の法典ではなかったのだから、憲法の長所を全て永久に保持するのは、日本人自身の仕事だということである。日本の憲法が、都合次第で守ったり、無視したりする便利な道具に化す日が、再び訪れないとは、誰も保証出来ない」。ホーレーの言葉の意味するものは今日においても重い。

日本研究の再開

琉球研究

昭和二十四年（一九四九）五月、偶然にも二人の琉球出身の人物と時を同じくして出会ったことが、琉球研究再開のきっかけとなった。言語学者宮《みや》良當壮《らとうそう》と島袋久《しまぶくろひさ》である。ホーレーの琉球研究は、戦前から関心領域の重要な一部ではあったが、二人との出会いにより、琉球研究は急速に進められた。

長男ジョンが昭和二十四年五月に第四十九ゼェネラルホスピタルで生まれたとき、婦長が聖路加病院の看護婦であった島袋久を紹介した。島袋久は大正八年（一九一九）、沖縄県那覇市西新町の島袋嘉辰《よしたつ》の四女として生まれた。嘉辰は塩販売の元締めで、材木や砂糖を手広く商っていた。久は東京聖路加女子専門学校を卒業後、マニラの聖路加病院、東京

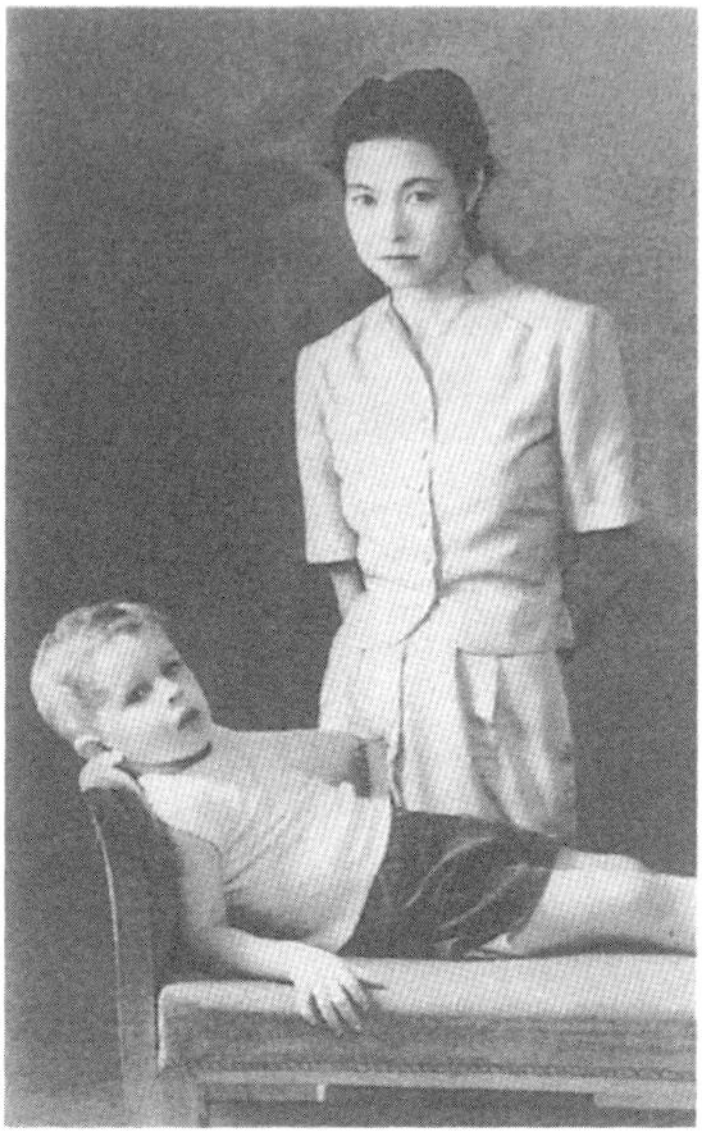

図15　長男ジョンと島袋久

ＰＸ内の聖路加病院勤務を経て、ホーレー家の住み込み看護婦となった。若くとも豊かな経験と高い技術を持つ久に、ホーレーは息子ジョンの育児を託した。そのころホーレー宅には、夫妻と長男ジョンのほかに運転手、お手伝いが二名、コックがいた。ホーレーが看護婦として信頼したことはもちろんだが、「島袋」が琉球の姓であることに惹かれて採用されたのだと、島袋はのちに語っている。父嘉辰は那覇の名士であり、久も本土在住の沖縄県出身の研究者や政治家の知合いが多かった。その豊かな人脈が沖縄関係の研究者たちとホーレーとを結びつけ、比嘉春潮《ひがしゅんちょう》や金城朝永《きんじょうちょうえい》などが宝玲文庫を訪れるようになった。島袋は琉球に関するホーレーのさまざまな疑問や質問に答え、知識と情報を与えてくれる重要な存在となった。

琉球・沖縄についての言葉や一般知識を提供したのは那覇出身の島袋久で、ホーレーの研究に協力したのは沖縄県石垣島出身の宮良當壮であった。昭和二十七年（一九五二）に、ホーレーが山科に転居した際、島袋はジョンに付いて同行し、晩年まで居を共にすることになる。

言語学者宮良當壮との出会いによって、琉球研究は一気に進んでいった。宮良は詳しい日記（『宮良當壮全集』所収）をつけており、その中に、ホーレーとの出会い、閲覧した宝玲文庫の書名、書き上げた報告書の内容、その時々に印象に残ったこと、などが記されている。敗戦国民の勝者への屈折した感情が滲み出た部分もあるが、両者の好ましい関係と研究の進行状況が読み取れるのである。

日記によれば、両者の仕事上の関係は昭和二十四年五月十日に始まり、二十六年十二月二十六日に終わっている。宮良をフランク・ホーレーに紹介した人物は不明であるが、ホーレーの手元には、二日前の日付が墨書された履歴書が残されている。これによれば、宮良は昭和二十二年から文部省の科学研究費補助を受けて、魚返善雄《おがえりよしお》とともに、「文献から見た琉球中国の語彙蒐集《ごいしゅうしゅう》」の研究に取り組んでいた。ホーレーは優れた言語学者を研究協力者として得、宮良にとっても自らの研究のための最適な資料を宝玲文庫が提供してくれた。昭和二十四年は月・水曜日、二十六年は日・火曜日の毎週二日、宮良はホーレー宅を訪れて終日仕事をしている。仕事の内容はホーレーの研究の補助と助言であった。具体的に宮良當壮が補助したのは、古辞書と琉球書誌の研究である。日記には、先島《さきしま》の地図合わせ、地名辞典の石見《いわみ》郡記載個所の持参、畳表《たたみおもて》とムシロとゴザの違いについての質問などの記載がある。

この時期すでに、ホーレーは和紙研究を再開していた。その内容は、国東《くにさき》治兵衛の『紙《かみ》漉重宝記《すきちょうほうき》』の英訳と紙漉研究の執筆であった。妻グイネスもこれを手伝ったという。二十六年三月には『類聚名義抄《るいじゅうみょうぎしょう》』の研究を始めている。図書寮《ずしょりょう》版本、冨山房《ふざんぼう》版本を次々と入手しており、その後は宮良も同本の研究を手がけ、「本書の成立に就いて」と題する小論文をホーレーに提出している。宮良當壮の日記（四月二十五日）に「今後の論文執筆計画を説明す、喜ばる、大いに研究せむ」とある。一通の研究計画案が遺されている。表題は「(案) 琉球関係図書解題 附録 文献編年史・著者略伝・論文目録」「フランク・ホーレー・宮良當壮（共著）」、章立ても完成しているが、この計画がどこまで実現に近づいたのかは不明である。十二月二十四日の記事に「(琉球) 神道記につき書く」とあり、解題に着手していたことが察せられる。しかし二人の関係はこの翌々日、二十六日で終わっている。これはホーレーがザ・タイムズ社を退職したための経済的理由によるものであった。ホーレーはその後も琉球研究を続けており、翌二十七年四月二十二日付の妻グイネスに宛てた手紙にも「我々は琉球の書物の目録をそろえているが、それは感銘の深い仕事であるように思われる、琉球は複雑な研究対象で私は毎日新しい事を学んでいる」とあり、極めて意欲的である。事実、ホーレー自筆の琉球文献の英文解題原稿がかなり遣されている。宮良當壮が文学博士の学位を授与されたことを知って、祝辞を送ったのである。その後、山科のホーレーから宮良に書簡が届いた。宮良は「簡潔で充分意を尽くしている」と日記に記している。ホーレーは、論文が刊行されたらぜひ自分の書庫に加えたいと述べ、"I am still alive." と記している。これはチェンバレンの晩年の言葉で、山科に移ってからは東京時代のように蔵書の閲覧を求めて尋ね来る人のいない寂しさと、共に研究した日々を懐かしむ思いが込められている。特派員としてのホーレーに時間のゆとりはなかったが、経済力は充分にあった。自分の代わりに琉球に関する基礎調査をし史料を整理してくれる人物として、琉球・和紙・古辞書に関する信頼の置ける「先生」として、宮良當壮はホーレーの大切な共同研究者であった。宮良の紹介で、猿楽町のホーレー邸を、琉球の研究者がたびたび訪れたという。

完成しなかった「琉球関係図書解題」は、形を変えて蘇《よみがえ》った。ホーレーの死後、残された蔵書のうちの琉球・沖縄関係だけがハワイ大学へ譲渡された。これをもとにして、ハワイ大学出版部から『琉球書誌稿』が刊行された。双方は章立ても酷似しており、強い因縁を感じるのである。

和紙研究

和紙の研究も戦前から手がけていた。昭和十六年（一九四一）に山口県防長紙共同組合の岡数佐《おかかずさ》から「申し越の『造紙史』目下印刷中。今月中印刷出来、年内に上梓」の書簡が届いている。また、ホーレー自身も戦後に作成した「和紙関係文献解題目録」の前文に、「太平洋戦争の始まる前の数ヶ月、私は和紙漉《す》きに関する文献についての一連のノートを準備していた。太平洋戦争がそれを中断させた」と記している。ホーレーの和紙との関わりは、「紙漉重宝記の翻訳・解説」「和紙関係文献目録」の著述と、自著に特注の手漉和紙を用いたことに集約される。ホーレーは和紙の魅力と、それを生み出した日本人の特質について次のように述べている。「日本の和紙は世界中で最も美しい紙です。和紙には日本人の人格が表現されている。紙すき女の仕事を見ていると少しでも黒いところがあると捨てる。非常に仕事が丁寧です。日本人の人格の良さが象徴されている」（『學苑』昭和二十五年三月号）。

また、『読売新聞』の連載記事「外人特派員の直言」欄で、次のように述べている。「日本は世界で最上の手漉紙を他の国が足元にもおよばぬ色々な形で作っている。合衆国には

図16　社会科学会議に出席する日本アジア協会会員と合衆国社会文化使節団（1948年10月13日．中央にガスコイン駐日イギリス政府代表，右端にペンを持つホーレーとドン・ブラウンの姿）

手漉紙を作っている工場など一つもないし、また英国ではおそらく十二工場以上は残っていないのに、日本では何百という村で男も女も、いまなお他の追随を許さぬ美しい紙を漉いている。日本人が紙と竹で作り出された家の中で生活の大半を送っているのは羨むべき事だと私はよく思う。彼らは日本の家に住んでいるというだけで、多少なりとも自分の国の芸術上の伝承と繋がっている」。「信頼してよい権威から聞いた話だと、ヴェルサイユ条約がいざ書かれる段になって、この文章を書く用紙に世界で一番良い紙を採用した。とうとう最後に、英国の手漉紙と日本の鳥の子の最上紙のどちらかを選ぶことになった。結局、日本紙のほうが優秀で、時がたってもほとんど傷まないことが分かったということである。明朝の中国の美しい紙類は、あの国の芸術的な技術がすたれたために姿を消してしまった。日本は世界的に有名な紙類を今後も作ってゆくようにというのが私の切なる希望である」（「世界一の優秀さ」〈外人記者の直言〉『読売新聞』、昭和二十六年八月七日）。続けてホーレーは、日本文化の古典を「それにふさわしい形で（日本だけにしか出来ない立派な紙に印刷して）大衆に提供したい」と手漉和紙を用いることの意義を述べ、そして「日本は世界で一番完全な紙の作り手としてその名声を維持せねばならない」と強く主張するのである。

特派員の多忙な時間を割いて『紙漉重宝記』の翻訳は進められた。妻グイネスと宮良當壯が、これを助けた。昭和二十五年三月八日には宮良を通じて、島根県の石田春昭から本文中の方言と注釈について助言を得ている。しかし、朝鮮戦争が始まってからは多忙を極め、研究時間は奪われた。

矢富熊一郎に案内されて

和紙研究に再び取り掛ったのは、ホーレーが息子ジョンと養育係島袋久とともに山科へ移転した後である。昭和二十八年（一九五三）十二月、『紙漉重宝記』の著者である国東《くにさき》治兵衛の自筆写本十数冊が益田市で発

図17　益田市への和紙調査旅行．ホーレー，ジョン，島袋，矢富，そして毎日新聞記者

見された（『毎日新聞』島根版）。矢富《やとみ》熊一郎《くまいちろう》はさっそくこのことを「国東治兵衛余録」と題して『やすだ』（昭和二十九年一月一日）に発表した。『紙漉重宝記』の解説・翻訳を進めていたホーレーにとって、見過ごすことのできない新発見であった。ホーレーと矢富は以前から親交があった。昭和二十五年一月三日、『日経新聞』でホーレーが和紙研究を表明した際に、矢富が書簡を送ったのが始まりであった。二十九年十二月、ホーレーは益田市へ調査旅行に出向いた。同行者は息子ジョンと島袋、毎日新聞記者土田伊平とカメラマンの土田五朗だった。矢富の案内

で高津柿本神社・国東治兵衛遺跡・石見半紙工場を巡っており、その時の写真には紙漉の現場を家族と共に見学している姿が写っている。

この調査旅行を紹介する記事（『毎日新聞』島根版十二月二十三日付）で、ホーレーは次のように語っている。『紙漉重宝記』の英訳が完了して来春には京都で出版予定、新資料の発見で矢富先生の知識を拝借し原稿に手を加えると訪問の意図を語っている。「日本の和紙は製紙界の最高水準を行くものであるから、先覚者治兵衛の伝記だけは完全なものに仕上げて世界に紹介したいと思う」と研究の意義を熱意とともに述べている。矢富熊一郎は、郷土石見の産業人としての国東治兵衛を顕彰した。治兵衛は享保飢饉の体験から石見に楮《こうぞ》をはじめとし、藺草《いぐさ》・麻・へらの木などの栽培とそれらにともなう産業導入を図り、その結果、治兵衛の偉業のお陰で石見地方は、昭和十四年（一九三九）の大旱魃災害を堪《た》え凌《しの》ぐことができたのだとして、その偉業によって石見地方が救われたことを論じた（『国東治兵衛翁の治績』）。自筆写本などの発見によって、治兵衛が豊かな教養人でもあったことを知り、研究をさらに深めることができたのである。流暢《りゅうちょう》に日本語を話し、日本文化にも深い理解のある『ザ・タイムズ』紙特派員フランク・ホーレーに矢富熊一郎が期待したものは、国東治兵衛の業績を海外にまで広めることであった。ホーレーは矢富と必ずしも同じものを目指していたわけではない。『紙漉重宝記』の解題を完全な形に仕上げるために、実証的な資料提供者として矢富に協力を求めたのである。

白石和紙との出会い

自分の著書には最高品質の手漉和紙を使用したいと願っていたホーレーは、東京の装丁専門家池上幸二郎《いけがみこうじろう》を通じて、宮城県白石《しろいし》の佐藤忠太郎と遠藤忠雄《えんどうただお》に紹介された。白石和紙のことは以前から知っていたと思われる。前妻俊子の父美野田琢磨《みのだたくま》は白石の近く（丸森）の出であった。戦前から和紙文献を収集していたホーレーにとって白石和紙は馴じみのある紙であったろう。昭和三十一年（一九五六）、上質の料紙を求めるホーレーに佐藤は書簡と見本を送った。前年にホーレーが白石の佐藤忠太郎のもとを訪ねる予定であったが、実現しなかった。このたび池上を通じて、ホーレーの著書用料紙として白石和紙の注文が新たにあったので、遠藤と検討の結果引き受けるという内容だ。見本の和紙について、「此の紙を説明申し上げれば、一枚十匁《もんめ》（三七・五グラム）以上でなければ御要求の厚さは得られず、材料の楮も最も良質のもの丈《だ》けを使用し、くだらぬ末梢的な技術や薬品漂白等の手段（張板も新調いたすことに相成り）をさけて日本の和紙本来の姿を現す事に苦心いたし足《た》る結果、色は純白では無之《これなく》、又、見本の紙よりははるかに弾力をもたせ豊かにする古紙の味を再現いたしたるものに候。以上の様な当地の最高材料と技術を要する関係上価格も普通並《なみ》には到底出来ず、一枚四十円に相成候」と述べ、白石和紙の最高技術を傾けて、ホーレーの希望に応えたいとしている。同日付の追伸の葉書では、昭和十八年に寿岳文章《じゅがくぶんしょう》もその著書『紙漉旅日記』(限定版)に白石和紙を用いているが、その本と同様に装丁には白石の紙布《しふ》を使用してはどうか、と提案している。ホーレーの望みは、手漉きの厚手楮紙の両面に活版印刷を施すことであった。和紙には表裏があり、漉いた紙を板で天日干しにすると、板に接した側の面は平滑になり反対面は毛羽立つ。このままでは裏面の印刷は無理である。また印刷機械に紙を通す場合に、紙に通気性があり過ぎて吸着ができず自動印刷が難しいという欠点がある。そこで、白石和紙の手漉職人である遠藤忠雄は、製法の改良と開発を行なった。従来の「乾かし板」は杉板であるが、それに亜鉛板を張ることによって、板に接する面がより平滑になった。さらに、紙の両面に「椿仕上げ」(椿の葉を用いて、平滑さと堅さを作り出すこと)を施すことを考案した。これにより、和紙の両面への活版印刷が可能となった。利用者の用途と希望に応じて仕上げることができるという手漉紙の特質が、ここでも発揮された。二〇年後に私が訪れた時、遠藤忠雄の工房の片隅に当時用いた張板がそのままに立て掛けられていた。

　希望通りの紙ができあがるまでに、何度も見本紙や打合せの書簡が往来した。昭和三十二年十二月までの約二年間に、一七通の書簡がホーレーのもとに届いている。最良の料紙を求めようとするホーレーと、白石和紙の復興を目指し最上質の楮和紙を漉き上げようとする佐藤・遠藤の情熱に満ちた交流があったのである。

佐藤忠太郎が懸命にホーレーの希望に応えようとしたのは、和紙職人として請けた仕事を果たそうとする誠意であり、地場産業である和紙を育てようとする情熱でもあった。佐藤は、片倉信光《かたくらのぶみつ》・遠藤忠雄・菅野新一《かんのしんいち》らと共に、「奥州白石郷土工芸研究所」を昭和十五年十月十四日に設立し、白石に伝わる紙布織の製法の復元を目指す一方、農林省の指示で全日本の楮調査を行なった。戦後には、「白石紙子《かみこ》」の復活と普及を目指して各地を調査しながら「国土緑化楮増産」の講演・講習を行なっている。また、遠藤忠雄は八代前から続く紙漉職人で、「当時奨励されていたパルプ混入紙は其《そ》の日本和紙を滅ばすものではないか」との疑問から「純正楮和紙」の古法を研究した。遠藤の漉く紙は高く評価され、川《か》合玉堂《わいぎょくどう》により「蔵王紙」と命名され、また東大寺のお水取りの料紙となった。郷土白石の和紙産業を復興し育てようとする情熱と期待が、ホーレーの出版に託された。フランク・ホーレーの和紙研究に期待を寄せたのは、彼らばかりではなかった。新聞等に研究内容が紹介されるたびに、ホーレーのもとには全国の読者から激励と援助の申し出の手紙が寄せられた。

敗戦により自国の文化に自信を失いそうになった時期、伝統文化を高く評価する『ザ・タイムズ』紙特派員フランク・ホーレーの存在は大きかった。見識ある外国人による日本文化の評価は、当時の日本人にとってこのうえもなく心強いものと受け止められた。白石和紙に関わる佐藤忠太郎・遠藤忠雄の期待するものと、ホーレーの白石和紙を著書用料紙として用いたいと意図したことも、また同じではない。技術上の問題点を克服し白石和紙の評価を世界的に問いたいという思いと、最上質の料紙を著書に用いたいとするホーレーの完全主義は必ずしも同じ次元のものではなかった。しかし、より完成されたものを求めるという点では重なり合っている。戦後、日本の多くの人びとの期待と夢を託されたこの研究は、自家版叢書『ミゼラニア・ジャポニカ』第二集として昭和二十九年（一九五四）に刊行の予定であったが、完成しなかった。フランク・ホーレーの手元には、準備された書誌目録や解題、論文の草稿、現物資料としての紙布や紙子、そして四二二冊もの和紙関係文献が残された。特漉《とくずき》の白石和紙は、幸いなことに彼の著書に用いられたのである。

関西アジア協会を起こして

山科へ

昭和二十七年（一九五二）二月にザ・タイムズ社を辞職したフランク・ホーレーは、その後、『デーリーテレグラフ』紙（*The Daily Telegraph*）と特派員契約を結ぶが、半年間で終わった。職を離れ、経済基盤を失い、体調を崩していたホーレーは、郊外に転居先を求めた。それまで居住していた渋谷区猿楽町の高橋《たかはし》龍太郎《りゅうたろう》邸は昭和二十五年三月に進駐軍による接収が解除され、賃貸契約の解消を求められていたのだ。ホーレーは、まず鎌倉に転居先を探したが決断にはいたらず、最終的に京都の山科《やましな》へ移った。昭和二十七年秋のことである。妻グイネスは長女アンと東京に留まった。その後、裁判の末に離婚にいたった。朝鮮戦争以後、ホーレーは酒量が増え、収入を超える額で図書を購入しつづけていた。親権をめぐる裁判の最中にあっても、グイネスは山科のホーレーに仕事上のアドバイスを書き送っている。のちに、ホーレーの没後、グイネスは二人の子供を連れて、カナダに帰国した。

山科の疏水のそばに建つ広大な敷地の洋館（京都市山科区御陵平林町一の二〇）を斡旋したのは、鈴木秀三郎《ひできさぶろう》である。鈴木の日記には「（昭和二十七年九月）十八日、水、晴、東京よりフランク・ホーレー氏来訪、パーキンス事務所にて会ふ、トミスタバンにて昼食後京都へ新任の為、新調京都出張所に同道、接収解除家屋賃借の件相談す。山科にあり、直ちにタクシーにて下見に行く、かつて第一軍団通信部隊のアーレン大佐居住のところにて一度訪問せる既知の家なり所有者芝原嘉兵衛氏と会談す、レント四万八千円にて賃借契約成立す、（接収中は四万六千円なりし由）、三千坪の広大なる庭が付随す、同内に英国風洋館建つ、付添日本人看護婦及男児ジォン」とある。家主夫人の芝原つや子は「京都で体の静養をしたいので二年間ほど貸して欲しい」とその時にホーレーから聞いている。この時点でそれほど長く住むつもりはなく、とりあえず研究に浸る生活に入りたかったのであろう。ホーレーは翌年正月十三日に京都市で外国人登録を済ませた。東京での特派員生活と決別し、妻子（長女アン）とも離れ、長男のジョンと養育係の島袋久との三人で新たな生活の出発を試みたのである。

十二月十六日付の『読売新聞』に、見出し「日本研究に畢生《ひっせい》の情熱」「永住の決意固める一英人学究」「明春、学位取得を目指す」の記事が掲載された。蔵書がいかに膨大であるかという記事に書斎で本を手にするスナップ写真が添えられ、「来年早々」に「古代印刷史」の学位論文を京都大学文学部に提出予定で、「琉球書目」を準備中であるとホーレーは語っている。

蔵書を手放す

ザ・タイムズを離れたホーレーにとって、経済的な支えは書物であった。幸いなことに、敵国財産管理法によって接収された蔵書の損失分（約二割）が日本政府より弁済された。加えて、日本経済の復興により蔵書の評価額が大幅に上がった。

戦前から付き合いのあった古書店「弘文荘」の主人が頻繁に山科のホーレー邸を訪れるようになった。「弘文荘」は反町茂雄が開いた店舗を持たない稀覯《きこう》本専門の古書店である。古書販売目録『弘文荘待買古書目録』を創刊した昭和八年（一九三三）に、ホーレーが『ヤング・ジャパン』二冊、二五円を注文したのが二人の出会いであった。以前に購入した図書の評価額が跳ね上がり、反町はこれらを買い戻して新たな購入者を捜そうとしていた。このころのホーレーの様子を、反町は次のように語っている。「ホーレー邸にはほぼ毎月出掛け、例えば五〇万円分の図書をお売りになったら、そのお金で約二〇万円分の別の古書を買われた。兎《と》に角《かく》、目が利いて、ご自分で価格を決められることもある。そこの帰りには天理によります」。天理とは天理図書館で、天理教真柱中山正善《なかやましようぜん》もまた熱心な集書家であった。

旧友との再会

ホーレーは山科に住むようになって、旧知の二人の人物と深く付き合うようになる。ひとりは芝原邸を斡旋してくれた鈴木秀三郎、もうひとりは三高で同僚であったパーキンス（P. D. Perkins）である。鈴木は明治二十六年（一八九三）に名古屋に生まれ、外務省嘱託、『日日新聞』、『名古屋毎日新聞』専務取締役を経て、外務省情報局で文化宣伝の仕事をし、国際文化振興会に関わった。戦後は京都に転居して文筆活動に専念し、昭和三十七年（一九六二）九月に死去した。鈴木は「ホーレーとは昭和十二〜三年ごろに英国人の紹介で知り合ったが、その後途絶えて二十七年に再会した」と語っている。パーキンスは昭和初期にアメリカから来日し、第三高等学校の英語教師を務めた。その後外務省に関わり、戦争中は情報活動に従事した。戦後は、京都市内に日本関係図書の販売店を経営するかたわら、外国研究者を対象とした自費出版の業務を行なった。また、日本人の妻のヨネ（Ione）と共に、ラフカディオ・ハーン（小泉八雲《やくも》）の文献目録を編纂出版している。パーキンスは、図書を扱う仕事の意義を友人のステファン（John Stephan）宛の書簡（昭和三十五年）で、熱く語っている。「我々の真の存在理由は、研究や図書館のために出版物を供給することにあります」と書きはじめ、東洋では他に類を見ない仕事であること、出版状況の把握と文献の入手方法の知識が必要であること、この二五年間でアメリカの東洋文献コレクションのほとんどを作り上げたこと、研究者や学生が学問的に成長していくのを手助けする楽しみと意義は計り知れないこと、その感情は、「子供を育てる親のようなもの」であることを記している。書物を通して学問に貢献したいというパーキンスの仕事にホーレーは共感し、手助けをするようになった。

関西アジア協会

関西アジア協会は関西を基盤とし、主として外国人を中心としたアジア・日本文化の研究団体である。その記録が、フランク・ホーレーの手元と鈴木秀三郎宅に残されていた。ホーレーが山科に移り住んだころ、日本アジア協会の「関西グループ」ができあがっていた。これは、東京の「日本アジア協会」の再建に刺激されたヘッセル神父（Rev. R. A. Hessel）とハウチェコン（Jean-Pierre Hauchecorne）らが、昭和二十四年（一九四九）に結成したものである。一九五〇年一月九日付の『日本アジア協会会報』に結成が報告されている。しかしこの時点では、定期的な活動はなかった。戦前から「日本アジア協会」の幹部として会の運営を担っていたホーレーは、活動への参加を求められたに違いない。このグループを基盤とし、ホーレーが中心に鈴木とパーキンスが支えて、関西アジア協会は設立された。その活動は、日本アジア協会と同じく毎月定例研究会をもち、学術雑誌『関西アジア協会会報』(*OCCASIONAL PAPERS OF THE KANSAI ASIATIC SOCIETY*)を発行した。会員名簿によれば会員の五六%が外国人で、大半は京都在住者であるが、大阪、神戸、奈良、大津市、西宮市、芦屋市まで広がり、米軍基地内の住所もある。外国人の会員にはカザル(U. A. Casal)やバビヤ(Chales S. Bavier)などの日本研究者もいたが、必ずしも専門家ばかりではなかった。例会の発表者は会員に限定せず、国外から京都を訪れた研究者や、関西の大学に研究留学している若手研究者も名を連ねている。

日本人発表者として、岩村忍(京都大学教授)・山下孝介(京都大学教授)・鈴木秀三郎・佐伯好郎(広島県廿日市町町長)・下店静市(同志社大学講師)・石田・I(同志社大学教授)・竹村健一(フルブライト給費生)・山根徳太郎(大阪市立大学教授)・江馬務(京都女子大学教授)・黄人豊勝(あやめケ池民俗館館長)・有賀鉄太郎(京都キリスト教大学教授)・内藤弘（英文毎日）・湯浅八郎（元ICU学長）・白畑よし（京都国立博物館）などの名前が並んでいる。日本アジア協会と同様、専門的な精緻な研究を含むが、幅広い「学問的」関心にもとづいた社交の世界である。

例会の第一回は、ホーレーの山科定住一年目の昭和二十八年九月ごろで、昭和四十年九月二十五日まで一一三回目の記録がある。初期の運営委員会は京都大学人文科学研究所で開かれ、例会はおおむね土曜日の三時半ごろから開催された。会場も人文科学研究所で、これを世話したのは岩村忍教授であろう。その後は新島会館、アメリカ文化センターと移り、最後は個人宅で開かれるようになった。夏には定例会の代わりにフィールドトリップと称する野外見学の会がもたれ、京都の寺院や庭園、遺跡発掘現場の見学、講師を招いての歌舞伎見物や楽屋訪問が行なわれた。また、通常の例会でも、木版画の制作や指踊りの実演を行なっている。会報の『関西アジア協会会報』は、当初はA5判一〇ページ、タイプ打ちの謄写版印刷であったが、のちには活版のB5判五六ページへと充実している。第六号までの会報に都合二一編の論文と書評とが掲載された。活動の様子は、熱心な外国人による日本文化の研究会として、『京都新聞』や『デイリー毎日』紙にたびたび取り上げられている。

関西アジア協会を実質的に支えたのは、パーキンスと鈴木秀三郎であった。パーキンスは設立時期から「書記」を担い、会則の整備から外部との交渉、例会の準備を勤めた。鈴木秀三郎もずっと「編集委員」として会報を担当した。フランク・ホーレーは設立時から中心的役割を担い、昭和二十九年（一九五四）、三十二〜三十三年の会長を務めた。三十三年には体調を崩し書記のパーキンスに退会を申し出るが、パーキンスは熱心に慰留している。そして昭和三十六年（一九六一）一月十日にフランク・ホーレーが逝き、翌三十七年秋九月には、会創設以来ホーレーの強力な補佐役であった鈴木秀三郎が後を追い、翌三十八年春二月には、パーキンスが死去した。「関西アジア協会」の活動がこれらの重要な柱を失って、どれほどの痛手を蒙ったかは想像に難くない。「当初から、関西アジア協会はホーレーの会だった」とM・マクガバン（Melvin MacGovern）は語った。マクガバンは横浜絵や根付《ねつけ》のコレクターとして著名で、朝鮮手漉紙についての著書もあり、ホーレーとは戦前から親交があった。

ルース・ササキ（Ruth Fuller Sasaki）もまたホーレーの研究仲間であり、良き後援者であった。ササキは京都の大徳寺の境内に私財を投じて龍泉庵を再建した。庭園を含めた図書室、母屋（修行室）であった。ササキは The First Zen Institute of America in Japan を設立して、国際的な禅研究に着手した。禅に関わる著書も九点ある。ホーレーの亡くなった後はルース・ササキが関西アジア協会を続けていった。

『ミゼラニア・ジャポニカ』の出版

『ミゼラニア・ジャポニカ』

ホーレーの頭の中には常にいくつもの構想があった。まとめに入ることは研究の終結あるいは中断を意味する。区切りをつける決心のつかぬまま時間が経っていた。山科へ移り研究に邁進できる環境を得て、ホーレーは自分の研究を形として残したいと思うようになった。他人の評価にとらわれず、自分の理想の形式で、できる限り高い水準で出版し、心ある人に読んでもらいたいと考えたのである。そのため、私家版の学術叢書 *Miscellanea Japonica*, I・II（『英国軍医の日記』・『日本の鯨と捕鯨』）として刊行した。叢書名は友人のファン・グーリックが創刊した『モニュメンタ・ニッポンニカ』を意識したのであろう。日本文化に関わる様々な研究の

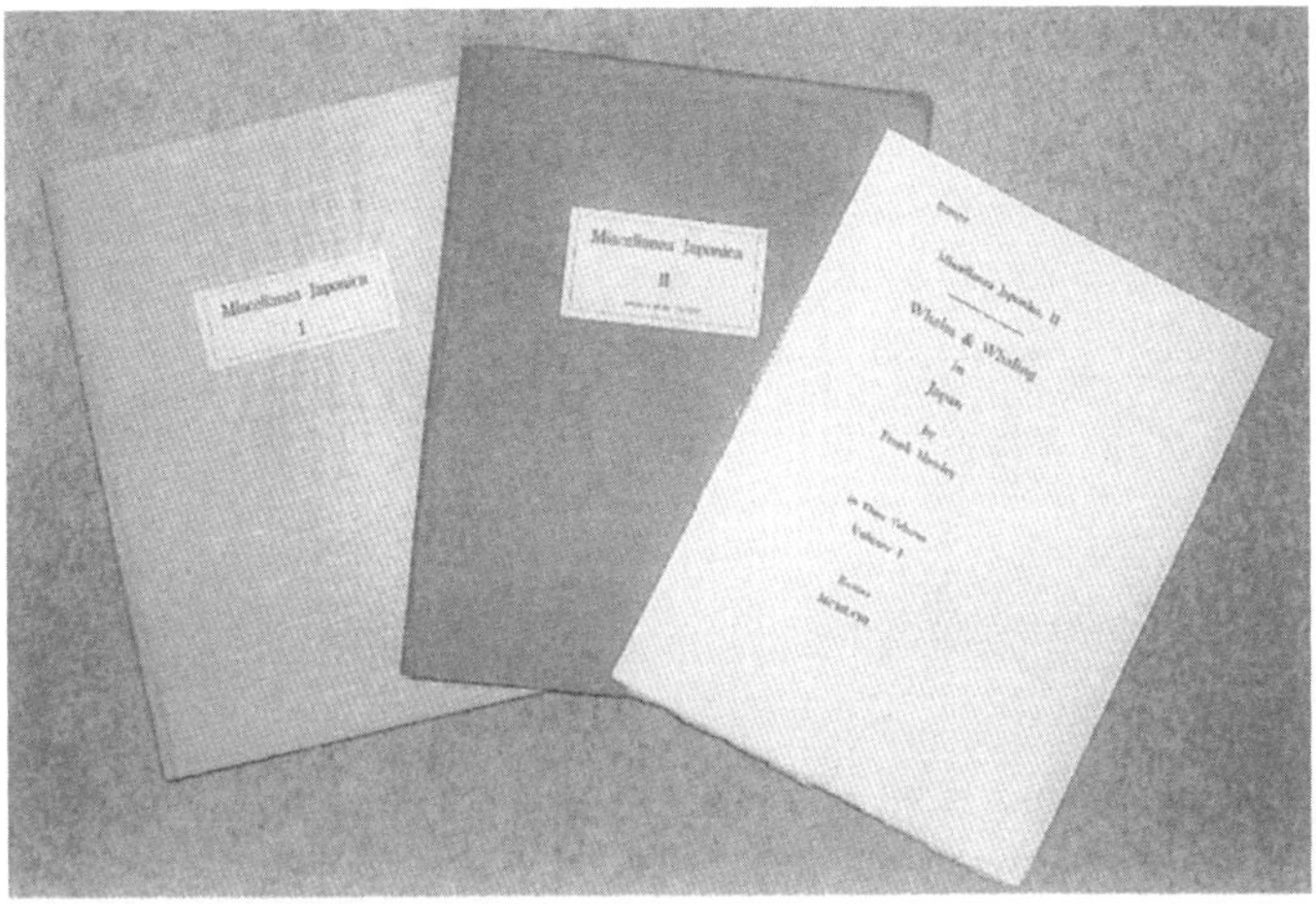

図18　『英国軍医の日記』と『日本の鯨と捕鯨』の抄録と見本刷

成果を著すことを標榜した名称であった。三〇・五×二三・二センチのフォリオ判、料紙は二冊ともに白石《しろいし》の遠藤忠雄が特別に漉《す》いた和紙（耳付き）。表紙は紅殻《べにがら》（ベンガラ）染の和紙に和紙の刷題簽。包み表紙は渋染めの和紙。図版や扉も吟味された和紙で、真柄良之助、瀧長衛門、吉田圭介、上村六郎など最高水準の技術者の手になるものだった。叢書は、第一集『英国軍医の日記』が一〇〇部、第二集『日本の鯨と捕鯨』が一二五部で、京都市内の河北印刷で印刷された。

『英国軍医の日記』

昭和二十九年（一九五四）、山科に転居して二年目に『英国軍医の日記（*An English Surgeon in Japan in 1864-1865*）』『ミゼラニア・ジャポニカ』の第一集ができあがった。馬関《ばかん》戦争に参加したイギリス外科軍医の日記の翻刻と解題論文である。馬関戦争は、元治元年（一八六四）八月にイギリスをはじめとする連合艦隊が下関の砲台を攻撃して、攘夷派を屈服させた「四国艦隊下関砲撃事件」である。長州藩は下関（馬関）海峡で外国船を砲撃した。イギリス公使オールコックは、フランス、アメリカ、オランダを軍事行動に合意させ、総艦数一七隻、砲二八八門、兵員五〇一四名を、豊後水道北の姫島沖に集結させた。八月五日に戦闘開始、三日間で戦闘は終了した。この事件によって長州藩の改革的勢力は一時後退し、攘夷派は決定的な打撃を受け、やがて開国論が主流となった。戦後間もなくロンドン市内で、ホーレーはこの戦争に参加したイギリス人軍医の日記を、手に入れた。手書きの書体は独特で不鮮明な部分も多く、略語が多用された読みにくいものであった。これをホーレーが解読し、妻グイネスが助けてタイプに打ち替えた。構成は、口絵（原文の影印版）、解説論文、原文の翻刻となっている。この第一集は昭和二十九年八月十七日に河北印刷に入稿し、十月十一日にできあがった。

『日本の鯨と捕鯨』

『日本の鯨と捕鯨（*Whale and Whaling in Japan*）』（『ミゼラニア・ジャポニカ』第二集）こそが、フランク・ホーレーの書物についての

図19　『日本の鯨と捕鯨』口絵（一部）

「理想」を形にしたものである。三巻組で刊行の予定であった。第一巻目の原稿は、昭和三十年六月三十日に、第一集と同じ河北印刷に入れられた。背に脱色した羊の生革を用い、書名を純金で型押、「木皮漉」（楮《こうぞ》の樹皮を漉《す》き込んで風合いを出す漉き方）の和紙で覆った本函に収めた。三〇〇ページを超え、厚さが五〇《ミリ》にもなるが、手に持ってみると驚くほどの軽さなのは、すべて和紙を用いているからである。「日本の文化を最も良い和紙の形で伝え」たいとするホーレーの書物への執着の結晶であった。口絵は鯨漁を祝う酒宴の風俗画である。新たに桜と朴《ほう》材の版木一五枚を森希儀に彫らせ、上杉《うえすぎ》桂一郎に刷らせた。ホーレーは版画の刷り上りについても納得のゆくまで細かい指示を繰り返した。当時、高校生であった上杉の息子猛は、色むらに苦労する父の姿を憶えているという。

原稿は入稿したが、校正が一向に終了しない。印刷に取り掛かれないのである。何度も校正刷りが届けられる。誤植は当然のことだが、わずかの文字列の歪み、バランス、刷り上がりの精度に注文がつく。河北印刷社長の河北喜四良は、「ホーレーさんの熱意に惹《ひ》かれました。印刷の技術についても造詣《ぞうけい》が深く、紙の質や特徴、活字、インクの色や種類について大変細かい指示がありました。校正は何度も重ねられ、そのたびに出版時期は延期されました。ある時から、どうぞ思う存分、納得の行くまでおやりください、わたくしはずっとお付き合いします、と答えました」と語る。第一巻の刊行までに六年間が費やされることになった。

山科に移って妻グイネスとは別居していたが、このころから離婚問題と弁済を解決するための雑事に煩わされることになる。最終的に解決にいたったのはホーレーが他界する直前であった。加えて、ホーレーは肝炎を患い長期の病床生活を送らねばならなかった。また裁判にともなう経費は、ホーレーの経済的な基盤にも大きな影響を与えた。このような状況下で体調を気にしながら原稿の推敲《すいこう》と校正は進められた。

『英国軍医の日記』はまったく代価を求めず配布したが、『日本の鯨と捕鯨』の刊行にあたっては多額の制作費の一部を購読予約料として求めることにした。昭和三十三年（一九五八）十月、すでに組み上がっていた序文（一〜七ページ）と二一五ページ目の図版部分を印刷し、予約を募るための Prospectus（見本刷）として一〇〇部作成した。この見本刷は本文と同じ特漉《とくずき》の料紙に印刷し、二つ折りにした用紙の中央を飾り糸で綴じた、簡素ながらも上品な仕上がりであった。本編の価格は五〇ドル、当時の一万八〇〇〇円。ホーレーは挨拶文の中で自らの研究姿勢を「小生は縁有りて、早くから日本文化に深い憧憬《しょうけい》を抱いて参りましたが、弊著も専《もっぱ》ら、日本古文化に対する限りなき愛の結晶以外の何物でもなく、従つて、小生は之《これ》によつて何等《なんら》の報酬をも得て居りません。小生は唯《ただ》、古来より日本人がすぐれてゐた捕鯨事業その歴史とその残つてゐる記録を日本及び諸外国に知らしめる必要性を痛感し敢《あえ》て本研究に精進致した次第であります。弊著は印刷費が高価で御座います故何卒《なにとぞ》本書を一部或《あるい》はそれ以上の予約購入を以《もっ》て御助力賜ります様懇願申し上げます。本書の出版が日本文化史及び科学史の研究を推進せしめる一助となる事を念じて擱筆《かくひつ》致します」と述べている。これを知人に配布し、友人たちは『日本の鯨と捕鯨』の完成を期待した。文中に「一九五八年末までには第一巻を完成、五九年末には第二巻を仕上げる」とあるが、予定通りには刊行されなかった。

翌昭和三十四年八月二十日には、第一巻の第二章（五一〜一〇二ページ分）を Offprint

（抄録）として五〇部のみ作成し、再び知人に配布した。この章はセイウチとウニコールの日本名を取り上げたもので、内容が他の章から比較的独立している。抄録の仕立ては『英国軍医の日記』と同じ装丁で、包み紙に使用した料紙の種類が異なっているにすぎない。友人たちはこの出版を喜び、書評が次々と雑誌に掲載された。まず上野益三《うえのますぞう》によって『學鐙』（昭和三十四年十二月号）に掲載された。さらにP・K・エイドマン、ボレスロウ、大村秀雄、宗田一、R・C・ルドルフの書評が続いた。書評の多くはホーレーの博識と史料の豊富さを評価したものである。書物好きの書評者は、料紙や印刷の見事さ、誤植が皆無であること、仕上がりの美しさを絶賛し、ホーレーの工夫による専門用語の表記法を高く評価している。とりわけ、『モニュメンタ・ニッポニカ』（*Monumenta Nipponica*, Vol.12, No.3-4）に掲載された友人ルドルフ（Richard C. Rudolph）の書評は詳しく、ホーレーの人柄にまで踏み込んで研究の厳密さを評価している。しかし、狭い視点から酷評を加え、細かい見落としや、史料の相違を指摘する書評もあった。ホーレーはこの著書のために多くの関連図書を集め、結果として「鯨コレクション」ができあがった。「鯨コレクション」はホーレー没後の売立会で、アメリカ東北部の鯨博物館に買われて行ったと島袋は語っている。ホーレーはこの著書の学術面での助言を上野益三に求めた。上野は、当時京都大学

図20　左から上野益三夫妻と島袋久

教授で「大津臨湖実験所」所長を務めていた。この二人の関係は一冊の本から始まった。上野が丸善から購入した池田弥三郎《いけだやさぶろう》旧蔵本『勇魚取絵詞《いさなとりえことば》』は、ホーレーもかねてより目をつけていたものであった。鮮やかな大判の初刷りに近い木版刷りで、鯨を追い込んで捕獲する場面から解体するまでの挿絵が豊富にある。手擦《てず》れもなく、上出来の刷本《すりほん》であった。ホーレーは大変に気に入り、貸与を申し出た。上野は快諾し、以後、長い間この本はホーレーの手元に置かれた。返却されたのはホーレーの死亡した後であった。現在この本は、上野の旧蔵書とともに甲南女子大学附属図書館の「上野益三文庫」に保管されている。二人の親交は長く続いた。ホーレーは上野に、鯨ばかりでなく関連する生物学的な専門知識について教えを乞うた。上野もホーレーに英文原稿の手直しを依頼した。博物学ばかりでなく集書家の二人の話題は尽きない。しばしば山科のホーレー邸で食事会が持たれた。ホーレーにとって生物学者としての上野益三は、ぜひとも親交を保ちたい人物であったのである。

昭和三十五年（一九六〇）三月のことである。購入の予約を募るために、Prospectus（内容見本）が渋沢敬三と上野益三の推薦文を付して企業家たちへ配布された。渋沢は民俗学、民具学や漁業史の領域で先駆的役割を果たしていた。推薦文には次のように書かれている。「我が国の鯨及捕鯨に関する古文献を驚く可《べ》き程広範囲に渉猟《しょうりょう》、これを正確に英訳されつつ整理されたのみならず、注目すべき事項は百科全書的な、詳しい註記を付されて原稿を作成されたのがフランク・ホーレー先生で和紙についての深き造詣は遂に本書を奥州白石の手漉紙に印行を企てられました」。道面豊信《どうめんとよのぶ》（味の素）、藤川博（朝日生命）、五島昇（東急電鉄）をはじめとする四八名の協賛者を得た。

フランク・ホーレーはこの著書『日本の鯨と捕鯨』を、博士学位論文として京都大学の吉川幸次郎教授へ提出することを予定していた。第一巻は、ほとんど完成し、第二巻「鯨肉の過去現在に於ける国内消費状況と鯨肉以外の部分の過去に於ける利用状態」もすでに著述しており、続けて刊行するはずであった。しかし校正には終わりがない、凝視すれば改めたいところが見つかる。どこで見切るかの問題であった。料紙・印刷・装丁・挿絵のすべてを吟味し、幾度も校正を重ねた第一巻を校了したところでホーレーは死去した。昭和三十五年末ごろから体調を崩していたが、三十六年（一九六一）の正月に京都バプテスト病院に入院し、一月十日に亡くなった。フランク・ホーレーの墓は、近代史を飾った外国人たちの墓標と並んで、神戸の外国人墓地の一画にある。

図21　ホーレー墓碑
（神戸外国人墓地）

ホーレーの財産は、古書籍商の負債と銀行借入金の弁済のため管財人によって凍結されることとなった。そのために『日本の鯨と捕鯨』は校了したものの印刷ができなくなった。このとき、ホーレーの遺志をついで、完成までに残された作業と、購入予約者への配布を一身に引き受けたのが、島袋久《しまぶくろひさ》である。「誰にも真似のできない最高の書物を世に出す」ことがホーレーの晩年の夢であっ

図22　ホーレーに関する新聞の切り抜き（1933年頃のもの），戦後に友人マクガバンが俊子に贈る．

たことを最もよく知っていたからである。ホーレーの死後、蔵書は管財人となった反町《そりまち》茂雄によって東京倶楽部《クラブ》において売り立てられ、その総額は二三〇〇万円であったと、反町は記している。書斎に残された雑然としたカードや原稿、書簡やメモにいたるまで、長年にわたって保管し、調査の過程で出会った私に整理研究を託してくれたのも、島袋久であった。

著書の配布先を記した小型の手帳が残されている。名前には通し番号が付され、上位には親しい友人の名が並んでいる。筆頭は「母ジェシカ」、「俊子」「グイネス」「俊子の父美野田琢磨」と続いて、「坂西《さかにし》志《し》保《ほ》」の名も見えている。献辞には、「その天性の愛情により、余が幼時期に喜びと輝きを与えし我母ジェシカ・ホーレーに、またその明朗なる心情により日々余を感動させ、より一層充実せる生へと余を勇気づける我子ジョン・ホーレーに」とある。ホーレーにとって島袋久は、ジョンを育て生活を共にするパートナーであったばかりでなく、研究の大切なパートナーでもあった。『日本の鯨と捕鯨』の「あとがき」は、次の言葉で結ばれている。「この研究で用いた中国語と日本語の原典文のすべてを照合してくれたある琉球の女性のことを（本人の謙遜な希望から名は明かさないが）、忘れることは出来ない」。

ハワイ大学宝玲文庫成立の経緯

坂巻駿三、ホーレーの訃報を知る

昭和三十六年（一九六二）一月十二日の新聞『ジャパン・タイムズ』に、フランク・ホーレー死去の公告が掲載された。クワラルンプールでの国際会議に出席する途中、東京に立ち寄っていた坂巻《さかまき》駿三《しゅんぞう》（ハワイ大学夏期大学学長）は、この記事を逗留先のホテルで目にした。以前から琉球関係の資料に強い関心を抱いていた坂巻は、ちょうどその前日に「丸ビル」にある沖縄文化協会事務所に立ち寄り、比嘉良篤《ひがりょうとく》と仲原善忠《なかはらぜんちゅう》とに会ったばかりであった。直ちに知人の田中良一（同志社大学監理部長）に電話し、次のような伝言をホーレー家へ届けるよう依頼した。

図23　ハワイ大学夏期大学学長当時の坂巻駿三

私は昨日東京に着きましたが、明日の出発の飛行機でシンガポールに行き、クアラルンプールに於ける会議に出席し、直ちに日本へ引返し、一月二十四日又は二十五日に京都へ行く予定にしています。京都に行く目的は、京都に御在住のフランク・ホーレー氏蒐集の沖縄に関する図書、文献を相当の価格でハワイ大学に譲り受け、ハワイ大学にホーレー記念文庫として保存し沖縄研究の資料に致し度《た》い、と云うことをホーレー氏に申出ることにあります。然《しか》るところ、今朝のジャパン・タイムズによりホーレー氏の急逝を知り残念に存じ御遺族方各位に対し深い哀悼の意を表する次第であります。就《つ》いては御主人御永眠の直後で、御遺族様方ご哀傷のうちに、御家庭も何かと御繁多の際、斯様《かよう》のことを申出ますのは如何《いかが》かと存じますが、折角、ハワイ大学を代表し、使命を帯びて参りましたので、二月二十四日又は二十五日頃に山科のホーレー家に弔問かたがた訪問致し度いと存じます。このことを何卒御遺族にお伝え願い度《と》う存じます。また、このことに付、東京の中原（仲原）、志賀（比嘉）両氏もホーレー家を訪ねすることを予定しています。何卒《なにとぞ》私の使命が達成されますよう、御同情をいただきたく存じます。

この第一信から、ハワイ大学「琉球コレクション」設置への動きが始まった。国際会議を終えて日本に引き返した坂巻駿三は、伝言どおり比嘉良篤・重久篤太郎《しげひさとくたろう》を伴って山科のホーレー邸を訪れた。重久の日記によれば、一月二十七日に京都ステーションホテルで再びホーレー家（島袋久）と会っている。そのとき島袋は、ホーレーが生前「このコレクションは一〇万ドルの価値がある」といっていたこと、すべてを「ホーレー記念（文庫）」として散逸させることのないことを望んでいることを告げた。また、ホーレーの長年の友人で東洋文献学のカリフォルニア大学ロサンゼルス校のルドルフ教授も、購入の意思を国際電話で伝えてきたと告げた。これを知った坂巻駿三は、その日のうちにハワイ大学学長スナイダー（Laurence Snyder）に電報を打った。「フランク・ホーレーの突然の死により、膨大なコレクションが遺された。三〇年にわたり収集された、数万冊の中国・日本語の書籍・写本・文書である。そこには最上質の琉球関係のコレクションも含まれている。このコレクションには、特に多くの稀書や特質ある叢書が含まれているので、我々の東洋図書館に高い評価を与えてくれるものになるであろう」と述べ、この好機を失うことなくホーレーの蔵書を獲得したい、そのために八万五〇〇〇ドルの裁量決定権を与えて欲しい、と訴えた。どうしてもこのコレクションを獲得したいという熱い思いが読み取れる。これに答えて、二十九日午後三時、ハワイ大学学長から、大学で協議を始めるが二月の第二週以降まで決定できない旨の電文が届いた。その日のうちに、坂巻駿三は重久篤太郎を伴いホーレー邸を訪ね、再度コレクションを確認した。数日後、丸ビルの沖縄文化協会の事務所で比嘉良篤・協会職員・仲原善忠・坂巻駿三が、島袋と会談し、琉球コレクションを「二万五〇〇〇ドル」で売りたいとの申し出を受けている。坂巻は二月二十日を返答期限とする優先獲得権を得て、二月二日に帰国した。坂巻自身による直接交渉はここで終了した。

購入資金の確保

帰国した坂巻駿三には、解決しなくてはならない重要な問題があった。

その時点では琉球関係図書を購入する年度予算として、所属するハワイ大学図書館の図書購入費五〇〇〇ドルがあるのみであった。ホーレー家（島袋）からの申し出金額は二万五〇〇〇ドル、差額の二万ドル分をなんとかして工面しなくてはならない。しかも、期限は二月二十日である。

行政担当副学長ウォッチャー（William Watcher）を説得し、特別の基金を得ることが最大の課題であった。二月六日、坂巻駿三はウォッチャー副学長を説得するためにミシガン大学のナン（Raymond Numn）博士に購入計画の支持を求めた。これを受けて、ナン博士はこの旨を上司であるストロベン（Stroven）博士に伝えるとともに、このコレクション購入についての個人意見を書き送った。すなわち、図書そのものの価値としては精々五〇〇〇ドルを超えることはないが、長期にわたり専門的知識を傾けて収集したものであることと、坂巻駿三という歴史学の専門家が特に評価しているのであるから金額を超えた価値があるという内容であった。坂巻に頼まれた役割を果たしながらも積極的に評価してはいない。

十三日、ストロベン博士からナン博士の書簡の写しを示された坂巻は、再びナン博士に次の内容の手紙を書いた。自分の計画が図書館本来の基本計画を脅かすものではないことを強調した後に、「『東恩納コレクション』はすでに沖縄へ渡り入手できないので、将来『ホーレーコレクション』に匹敵するものはもう出ないであろう。ハワイ大学が西欧社会における東洋図書館として無比の物となりうる好機を失う。ここハワイにおける沖縄社会の比重の大きさを考慮しなくてはならない。仲原善忠・比嘉春潮をこの四月から一年間ハワイに招聘し研究を進めたい。この夏にはリブラ（Bill Lebra）が琉球の民族学を教える予定であり、ジョージ・カー（George Keer）によって数千に及ぶ琉球関係資料が近くもたらされる」。こうした構想を示して、さらに熱心に説得を重ねている。

坂巻の訴えが功を奏し、二月十五日にはウォッチャー副学長との間で了解点の確認メモが交わされた。すなわち、すでに図書委員会から承認されている五〇〇〇ドルに加えて、夏期大学に対して仮予算として一万ドルを認める、というものであった。こうして、総額一万五〇〇〇ドルを確保することが出来た。

交渉の成立

その日（十五日）のうちに、坂巻はホーレー家（島袋）に、最大限「一万五〇〇〇ドル」を提示した。仲原善忠に対してもこの金額を知らせたうえで、どうしても入手したいという強い希望と、この金額で了承されない場合には自分の友人から寄付を仰ぐ覚悟のある旨を書き送った。十九日、東京にいた坂巻駿三の友人ジョージ秋田と榎本豊は、仲原善忠の意見を伝えてきた。「仲原善忠氏の言葉によれば、二万五〇〇〇ドルは高すぎる。一万五〇〇〇ドルでさえ少し高すぎる。もしホーレー夫人が当初の金額に固執するならば、五～六年という時間と一万五〇〇〇ドルを自分に与えてくれれば、立派な沖縄コレクションを設置できるであろう。しかしながら、ホーレーコレクションは三〇年間の血と汗を注いでできあがったものであるから、このコレクションが散逸してしまうのは、悲劇的なことである」。さらに、二万五〇〇〇ドルは交渉の開始の金額であるとして、仲原は交渉代理人として次の点を相手に伝えることを確認している。

①仲原善忠と比嘉春潮は坂巻駿三の購入の熱意を伝える。

②ホーレーコレクションがハワイにもたらされれば、ホーレーの記念として永久に「フランク・ホーレーコレクション」として置かれる。

③最初一万五〇〇〇ドルから交渉を始め、一万八〇〇〇ドル、二万ドルへと進めたい。

二十日に、島袋から「二万ドル以下では応じかねる。他へ話す」という電文が届いた。これに驚いた坂巻駿三は、さっそく「二万ドルを提示する。承諾されたい。坂巻」と打電した。

この時期、仲原善忠より坂巻駿三に二通の書簡が届いた。先の書簡では価格について、「しかし、二万ドルでも少し高いようですから、それ以上のことをいうなら、あきらめる外はない。否あきらめるのがよいと私は考えます」と消極的意見を述べている。また、その日のうちに投函した追伸書簡には、坂巻が電報でコレクション購入を決定した旨を知り安《あん》堵《ど》したと伝えた後、「何とかして一万五〇〇〇でおさえるように比嘉さんにもたのみ同氏も努力しましたが、なにしろ競争者があるため、ウッカリすると逃げられる恐れがあり、まったく魚をつるような心持ちでしたから、二万ドルまでもって行かれましたが、しかし、沖縄史に関する限り、ホーレー文庫が最良のものと考えますから、今後その不足分を補充すればよいと考えます」と率直に述べている。二十五日と二十七日に島袋から電報があり、額面の承諾と受渡しの打ち合わせのための来日要請がなされた。こうして、ホーレー文庫の「琉球コレクション」は、最終的に「二万ドル」でハワイ大学へ引き渡されることとなった。

ハワイ大学へ

つぎに成すべきことは、コレクションの移送であった。受諾の電報を受け取るとその日のうちに、坂巻は仲原善忠とジョージ秋田に対し、荷造りと輸送のために山科のホーレー邸へ同行してもらいたいと書き送った。三月三日午後、坂巻駿三は東京へ着いた。翌四日午前、銀座東急ホテルで仲原善忠と作業の打合せをした。九日の山科での作業について、学長に宛てた受け渡し完了の報告書に蔵書の有り様を次のように記している。「『琉球コレクション』は二階の大きな部屋に架蔵されていた。他の膨大な蔵書は階下に厳重に施錠されて置かれていた。我々は終日かかってすべての図書の大まかな目録を作った」。

当日立ち会った重久篤太郎の日記には、次のように記されている。「三月九日、坂巻・仲原・重久の三人が書名リストを分担作成。荷造に立ち会う。荷造した木箱は九箱で、冊数の見積りは約一六〇〇冊。翌三月十日朝、日通が受け取り午后の汽車で東京まで発送。さらに東京のアメリカの友人（ジョージ秋田・榎本豊）によってハワイへ汽船で送付されることになっている」。東京に送られた木箱九箱は、二九個のボール箱に詰め直され、二十日にホノルルへ発送された。総重量五三七キロであった。

琉球コレクションの評価

二万ドルの価格が妥当であるか否かは、関係者の間に意見の違いがあり、興味深いところである。ホーレー自身は生前、一〇万ドルの価値があると語っていた。当初、坂巻駿三は大学に対して、八万五〇〇〇ドルの裁量権を求めた。実際には、ホーレー家（島袋）は売り手側として二万五〇〇〇ドルを提示した。一月に山科のホーレー邸でコレクションを見た坂巻駿三は、「一万五〇〇〇ドル」を提示したが、評価としては「二万五〇〇〇ドル」でも妥当と考えた。ナン博士は「琉球コレクション」の概要を坂巻から電話で聞き、上司に対して「五〇〇〇ドルを超えない」と報告した。

興味深いのは、仲原善忠の評価である。仲原は、坂巻駿三と島袋との間に立ち、価格の交渉を行なうなかで、「一万五〇〇〇ドルでさえ少し高すぎる」とし、その金額と五～六年の期間があれば立派な沖縄コレクションを作り上げることができる、と考えていた。しかし、交渉が成立したのち比嘉春潮《ひがしゅんちょう》と連名で記した「ホーレー文庫について」においては、評価が大きく変わっている。「これらの文献は、修理・保存も行きとどいていているため研究家だけでなく、愛書家・古本商人のあいだにも評判となっていた」「今、仮にこの文庫が、古本商の手にわたり、分売されたなら、学問研究上の大損失にとどまらず、その再蒐集には、巨額の金と、長い年月をかけても、到底、不可能であろう」と、その貴重性を強調している。この文章が書かれたのは三月十日で、その一ヵ月前に仲原は坂巻駿三らとともに、山科で仮目録を作成した。仲原は、三年前に一度ホーレー邸を訪れたことはあるが、蔵書を詳しく見たのはこのときが最初であった。ホーレーの蔵書を実際に手に取って見ての、評価の変化である。

当時の沖縄研究者で、フランク・ホーレーの名を知らない者はいなかった。しかし、ホーレーの蔵書を自由に利用できたのは宮良當壮と金城朝永のみであった。したがって、蔵書に対する評価はその内容に比してはなはだしく低かった。文献に詳しく実物を手にした者ならば、このような評価は下せないはずである。ホーレーの琉球コレクションの価値は、目録からではわからない。これがいかに上質なものかは、実際に現物を眼にしたものにしか理解できないのである。

ハワイ沖縄県人会を動かして

大学予算の一万五〇〇〇ドルと支払額二万ドルの差額五〇〇〇ドルは、坂巻駿三と比嘉（Warren Higa）との連名で、ハワイ・パシフィック銀行から借り入れた。同時に、ハワイ大学内に沖縄研究基金の口座を作り、

寄付金を募り、銀行へ返済するという方法を取った。琉球研究センターをハワイ大学に設け、世界的な琉球研究の拠点としようとする計画に、坂巻はハワイ在住の沖縄系市民に協力を求め、次のように訴えた。「極めて幸運なことに、琉球に関する図書・巻物などの、世界で最大規模のコレクションを入手することができた。このコレクションは、故フランク・ホーレーが、三〇年かけて、一点一点丹念に収集したものである。ホーレーは去る一月に亡くなった。その時、私は偶然にも東京に居て、このコレクション購入の第一優先権を得ることができた。他の大学もこのコレクションを購入しようとしたが、我々が最初に入札し得たのである」。「我々は、世界最高の琉球図書をこのハワイにもたらしたことを真に誇りに思う。この地ハワイには数万人の琉球系の人々が住んでいる。他のアメリカの地域よりはハワイがこのコレクションを喜んで受け入れるであろうという一点で、ホーレー夫人を説得することができた。将来、ハワイ大学は琉球研究の大きな中心となり、琉球大学や沖縄の博物館と親密な研究上の交流が期待される」。坂巻は寄付によって費用を賄お

うというよりも、むしろこの基金活動を通じて在ハワイ沖縄系市民との連携を強め、夏期大学の活性化を図ろうとしたのである。

これに応えて、四月九日、ハワイ沖縄人連合会は「布哇《ハワイ》大学〝沖縄文庫〟設置後援趣意書」を配付した。趣意書は「学界に於ける沖縄研究熱」「関係資料の焼失」「布哇大学と沖縄研究」「ホーレー文庫について」「文化財の分散保護」「購入費不足」「沖縄同胞発展の記念事業たらしめよ」と項目を掲げて、沖縄文化の固有性とホーレーコレクションの貴重性とハワイ大学が所蔵する意義を説き、「沖縄同胞発展の記念事業たらしめよ」と結んでいる。これを機に、『ハワイ・タイムズ』紙、『ホノルル・スター』紙なども、写真入りで大きく報道した。その結果、基金に寄付が寄せられることになった。

この寄付活動は沖縄系市民の間で大きな盛り上がりを見せ、一九六四年（昭和三十九）には「琉球コレクション寄付事業、琉球芸能祭」を開催するにいたった。七月三十一日から三日間、ハワイ大学東西文化センターのケネディー劇場で、四人の演出家（真境名由康・真境名由邦・真境名由乃・真境名由苗）、一二人の舞踊家と一二人の音楽家による踊りと演奏が連日披露され、好評を博した。そのときの一五ページに及ぶパンフレットを見ると、琉球創作舞踊の歴史と演目が詳しく説明されている。このときの収益金のうち、一〇

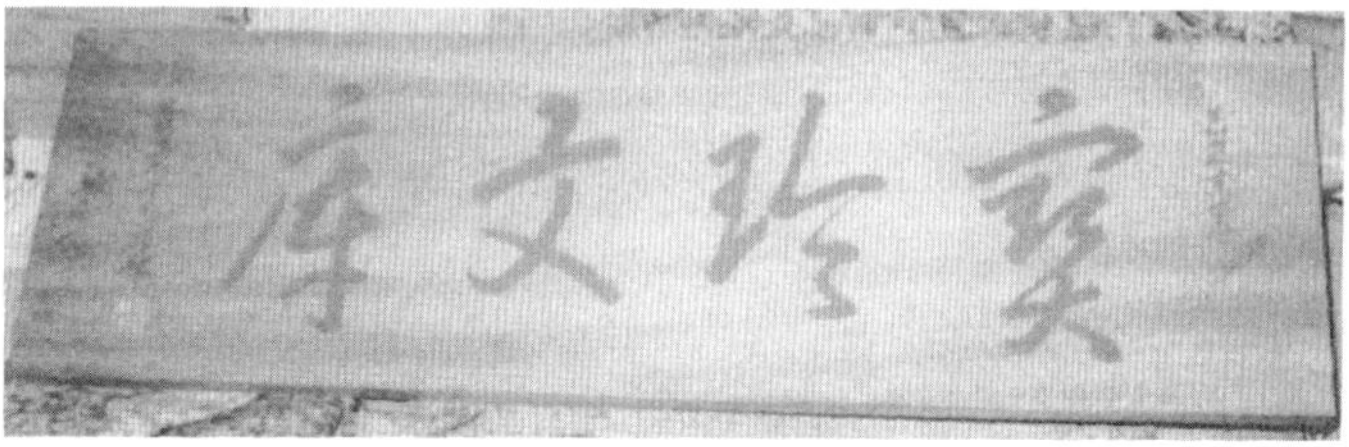

図24　友人ファン・グーリックの書になる宝玲文庫の扁額

〇〇ドルが坂巻駿三を通じて沖縄研究基金へもたらされた。

坂巻はハワイ大学を琉球研究の拠点とするため、ホーレーの蔵書の受入れを機に関連資料の充実を目的として琉球大学に連携を求めた。一九六一年（昭和三十六）四月十日、坂巻駿三は琉球大学学長安里源秀に、ホーレーの「琉球コレクション」を入手した旨を知らせ、琉球大学との間で情報・マイクロフィルム・複写物の交換を行なうことで、ハワイ大学の琉球資料をより充実させたいと、協力を呼びかけた。その結果、宝玲文庫「琉球コレクション」の大部分は電子複写物として琉球大学図書館へ届けられ、同時に、琉球大学図書館の図書資料も複写物として坂巻のもとに届けられた。

坂巻は「琉球研究センター」構想を具体化するために、計画どおり、仲原善忠と比嘉春潮を夏期大学の客員教授として招いた。二人は宝玲文庫「琉球コレクション」を収蔵した部屋の近くに研究室を構え、一年間にわたり史料の解題作業に従事した。その成果は、一九六三年に『琉球書誌稿』（坂巻駿三編著）として出版された。

研究体制もしだいに充実していった。仲原善忠・比嘉春潮のほかに、リブラ（William Lebra）博士やマレッツキ（Thomas Maretzki）・カー（G. H. Keer）がハワイ大学へ招かれた。さらに松田貢・崎原貢らも坂巻駿三のもとに呼び寄せられた。坂巻の琉球への関心は深まり、論文 "The Rekidai Hoan"（歴代宝案）を書いた。これが機縁となり、小葉田淳がハワイ大学東西センターに招かれ、松田貢と共著の「歴代宝案」訳注書 *Ryukyuan Relation with Korea and South Sea Countries* が生まれた。また、坂巻駿三の『琉球人名考』も一九六四年に刊行された。

ひとりの日系二世アメリカ人歴史学者坂巻駿三の、卓越した行動力により、琉球関係として最良質のコレクションである宝玲文庫「琉球コレクション」がハワイ大学へもたらされた。そして坂巻の研究構想のもとに、ハワイ大学に琉球沖縄研究の基盤が確立された。また、坂巻の働きかけで、ハワイの沖縄系市民の間に沖縄文化への強い愛着と自信を蘇《よみがえ》らせ、同朋意識を強め、大きな寄付活動を展開させた。宝玲文庫「琉球コレクション」は、当初の約束通り「完全に」「ホーレーの名のもとに」「分散されることなく」保存状態も良好に所蔵され、現在、他に類を見ないコレクションとして琉球沖縄研究のために役立てられている。

坂巻の亡きあと、宝玲文庫「琉球コレクション」は、坂巻の旧蔵図書とともに夏期大学の学長室から大学図書館に移され、「坂巻・ホーレーコレクション」となった。ハワイ大学図書館東洋文庫長松井正人がこれを管理した。松井は「琉球コレクション」の趣旨を守り、ひとつのコレクションとして管理することに努め、次のように語った。「図書館は貴重書と一般書とに分離して管理しようとするかもしれない。そうなれば、貴重書は金庫の中に、それ以外は一般書として配架される。コレクションの上質な維持と、一般への提供は難しい問題だ」。近い将来、目録もウェブ・サイトに載り、内容もマイクロフィルムとして日本国内で閲覧できる。松井はロバート・境や崎原貢、横山學とともに宝玲叢刊編纂委員会をつくり、「琉球コレクション」の社会的共有を目的とした資料集の刊行を行なった。『琉球教育』『神戸貿易新聞』『琉球所属問題関係資料』『江戸期琉球物資料集覧』『琉球風俗図』『銅版日本地図』が出版されている。

ホーレーの夢見たもの――エピローグ

語学の天才

フランク・ホーレーは語学の天才であった。その卓越した能力は、出会う人を驚かせた。「ギリシャ語、ラテン語についで、独・仏語を知り、イタリア語、スペイン語、ポルトガル語も使えるほどに知っていた」と友人のグーリックは記している。日本語は、来日する直前に吉武三郎から少しは学んでいたとしても、来日後にほとんど独学で習得したものである。来日二年目には、日本語の論文を矢継ぎ早に発表した。『文芸』には「竹取り物語を読みて」が掲載されており、古典文学も読みこなしていたことがわかる。このころすでに、直筆原稿を写真版で掲載して読者に知らせたいと編集者が思うほど、ホーレーの日本語の力は優れていた。来日七年目に英英辞典編纂に携わったが、編集者の佐々木學は、ホーレーから届いた書簡を自筆とは思わず、俊子夫人の代筆と信じた。また、「物陰で聞いていると、日本人と思えるほどの自然で流暢な日本語でした」と英国文化研究所の助手であった照山越子は語る。英語教師として来日して以来、日本語辞書編纂、英英辞典編纂、英国文化研究所所長、戦時日本語学校教師、BBC日本語放送顧問、英国戦時外務省情報担当、ザ・タイムズ特派員の仕事をこなした。これらはすべてホーレーのずば抜けた語学力、優れた日本語の能力に期待された「職業」であった。その時々に適任者として抜擢《ばってき》されホーレーも期待に応えたが、どれも生涯の仕事とはならなかった。

ホーレーの性格

フランク・ホーレーは必ずしも付き合いやすい人物ではなかった。語学教師としても、誰からも敬愛されるという雰囲気は持ち合わせていなかった。黒板に川柳や和歌を書いて学生に解釈を求める。初対面の人に難解な漢字を書かせてみる。唐突に質問を投げかけ、相手の力量を測ろうとすることがしばしばあった。質問を受けた当人は試されたと思い、これを無礼と感じ、ホーレーの態度に傲慢《ごうまん》さや尊大さを見た。付き合いを避ける人も多かった。ホーレーの一番の理解者、生涯の友、ファン・グーリックとの出会いもこういうものであった。グーリックは、心のこもった哀悼文

(「思い出の中のフランク・ホーレー」『モニュメンタ・ニッポニカ』)に、そのときのことを記している。京都で初めて会ったとき、グーリックが中国文学の専門家であることを知ると、ホーレーは唐突に「新刻」の意味するところを問うた。そして答えに窮すると、「けしからぬという睨《にら》み方をして、不機嫌そうに黙り込んだ」という。切っ掛けはどうあれ、グーリックのように学識があり人間的に深みのある人物を、ホーレーは敬愛し、長く友情を保つことができたのである。ホーレーは、深い学識を持つ誠実な研究者を心から尊敬していた。吉武三郎、上野益三、オニール(P. O'neill)、ルドルフ、マクガバンとの付き合いは晩年まで続いた。また、一流の腕と熱意を持つ職人たちを、ホーレーは高く評価して信頼した。一方で、権威にへつらわずに自らの思うところを率直に述べるため、誤解の生じることが多かった。これが仕事のうえで不利に働くこともあった。「同輩や目上の人には出過ぎたこともしばしばあったが、目下の人にはいつも非常に思いやりがあり、弱いものには同情が厚かった」とグーリックはいう。森田和紙の森田康敬は、二十代のはじめ、注文の和紙を届けに山科のホーレー邸に出かけたのが切っ掛けで和紙研究の手ほどきを受けるようになった。「浅はかな和紙論を振りかざしても、いつも真面目に頷《うなず》きながら聞いてくださった」という。或る時、書庫から出版年も版も異なるさまざまの『紙漉《かみすき》重宝記《ちようほうき》』を取り出し、さらには、洋書に翻訳されたものを何冊も見せた。極めつけは寛政年間に大坂奉行所に差出された『紙漉重宝記』の出版願い書の写しであった。森田は、ホーレーに『紙漉重宝記』の話をしたのは「釈迦に説法であった」という。若者の熱く語る和紙の話を最後まで聞いてやり、持っている史料を惜しまず見せる。ホーレーの優しさと誠実さが偲ばれる話である。

ホーレーは「六尺豊かの堂々たる体躯、押し出しの良い男であった」とグーリックはいう。ホーレーは、緑灰色の瞳と褐色の髪をもち身長は一九〇センチ体重は一一〇キロを超えていた。「浮世離れした学者という雰囲気で、三十そこそこなのに、老大家のように見えた」と照山はいう。来日してから、さまざまな職業を経ていくが、周囲は一貫してホーレーを「学者」と感じていた。戦前戦後を通じて、ホーレーを取材した記者たちは皆一様に「学者ホーレー」とその蔵書に敬意を表し、日本語の流暢《りゅうちょう》さに驚嘆し、日本の古典籍への造《ぞう》詣《けい》の深さに感動した。それ故に、その時々に日本人がホーレーに期待したものも大きかったのである。

ホーレーの活動

日本語に関心を抱いて来日した若き言語学者フランク・ホーレーは、日本語と日本文化がいかに多様で、広い周辺地域の影響を受けて成り立っているかに注目した。日本文化の単一性と独自性を強調しようとする当時の日本社会に、より広い視点を示唆するものであった。これを日本語の論文として国内の雑誌に発表し、修士論文として母校に送った。ホーレーは日本の文化を「わかり易《やす》く」世界に仲介することを理想と考えた。当時まったく知られていなかった『源氏物語』を自らの理解にもとづいて翻訳し、広く西欧社会に広めたアーサー・ウェーリーを、翻訳の師と仰いだ。しかし、小泉八雲（ラフカディオ・ハーン）とは一線を画している。すなわち、日本人の心情に入り込みその理解から日本文化を「八雲の世界」として発表するような、ハーンの手法には批判的だったのである。戦後まもなく雑誌記者に「思想的に八雲とは違うんです。彼が自分の国民性を失って日本人になろうとしたことは自他共によくないことでした。英国人が日本人になろうとしても限界があるのです」と自らの姿勢を語っている。かつて八雲とチェンバレンとの間で生じた、日本理解についての論争を思い起こす。ヨーロッパの概念によって日本文化を位置づけようとしたチェンバレンと、日本文化からそれを批判する八雲が対立し、その結果二人は離れていったのである。日本文化を外国人として深く厳密に理解しようとするホーレーの姿勢は、チェンバレンに通ずるものがあった。来日当初の若く理想に燃えた時期、ホーレーは自分の理解した日本文化を西欧に伝え、二つの文化の仲介者となることを志していた。

次にホーレーの取り組んだ仕事は、「外国人のための辞書」の編纂であった。自らの日本語習得の経験に照らし、後に続く人びとの助けとなりたいと考え、この辞書に情熱を傾けた。自分の解釈ばかりでなく、厳密さを追究し、言葉の違いとニュアンスをどれだけ正確に伝えるかに心を砕いた。しかしその時求められていたのは、早い習得に役立つ効率的な辞書であった。国際文化振興会の企画として取り上げられたホーレーの辞書は、完成前に「独善的である」と匿名《とくめい》の日本人英文学者から批判され、挫《ざ》折《せつ》した。一気に書き上げた反駁《はんばく》文の筆跡に、ホーレーの思いが滲んでいる。高い理想と完全主義が災いした結果であった。次の仕事は、英語で英語を解説するという新たな方式の『簡易英英辞書』であった。ホーレーの企画ではないが、ホーレーの理想と合致して熱心に取り組んだ。原稿の大半をホーレーが書き上げたというが、関わり方の位置づけを巡って出版社と争い、消耗の時間を過ごした。理想の形になしえなかった辞書の編纂からも遠ざけられた。

ホーレーの研究活動は戦後に一変する。戦勝国の特派員という社会的立場を持ち経済的な支えを得たホーレーは、戦後の復興期の日本で、最上質の古典書物の数々を関心と鑑識眼のおもむくまま自由に手元に引き寄せた。幾種類もの「百万塔」を集め、瞬く間に貴重書や稀覯本《きこうぼん》が宝玲文庫に加えられた。これらの極上の資料を用いて、本格的な研究活動へ向かいたいと考えたのである。「琉球関係図書解題」と『紙漉重宝記』の研究に着手したが、頓挫《とんざ》をきたした。時間的なゆとりがなかったのだ。

山科へ移った晩年の生活は、関西アジア協会を創設して定期的に関西在住の知日家外国人や日本人学者と関わり、視野を広げ、学問に邁進《まいしん》できた時期である。自由な研究時間。貴重な古典籍書物の集積した宝玲文庫。「ホーレーが胸に秘めていた理想は、いずれの日にか、日本の古典の決定版を出版することであった」とグーリックは記している。異本・類本を集めつくし、最良の原文に近づき、厳密な注釈と解題を付した定本（テキスト）を作ることを目指していた。数々の構想の中で、『英国軍医の日記』が最初に形となった。次に手がけたのが三冊本となる予定の『日本の鯨と捕鯨』であった。さらに、島津重豪《しげひで》が編纂させた『鳥名便覧』は昭和三十五年（一九六〇）に入稿する予定であった。翻訳に関しては、かつて「わかり易い」言葉で説明することを主張したのとは、大きく異なる姿勢が見られる。ホーレーは『日本の鯨と捕鯨』の前書きで次のように述べている。「原典に可能な限り近く、とはいっても隷属的ではなく、と努めた」「文脈に沿って、少し膨らませ或いは少し詳しく述べ、または二三余分の言葉を挿入するときには（しかしながら、少なくとも意識的にまたは故意に何ものをも無視したり削除したりはせずに)、以下のような優れた日本人研究者の一人或いは何人かに相談した後にのみ行った」「人文学研究所(京都)岩村忍博士、私の師である龍谷大学(京都)名誉教授の禿氏《とくし》祐祥《ゆうしょう》教授、善通寺(大津)の西村冏紹師」「つまり、私が翻訳するときにいつも狙っていることは、引用した個所の著者が言い表そうとしていると私が信じているもの、とりわけ私に親切な助言を与えてくれた日本人の学者達(彼らはみな経験を積んだ注釈学者である)が信じているものを、多すぎることなくまた少なすぎることもなく表現することである」。その点で、原典の言葉を強めるための〝翻訳者の自由〟を格別に力説するキーン(Donald Keene)とは立場を異にし、鯨の種類説明に厳密さを欠くロバート・ベラ(Robert Neelly Bellah)の仕事とも異なる、と述べている。青年期のホーレーであれば、むしろキーンの翻訳に共感したのかもしれない。

「わたしは将来(日本の)書誌学 Bibliography を(英語で)書きたいと思っています。わたしがしたいと思うことは、日本研究にあたって Combination の仕事でお手伝いしたい」と磯部佑一郎の質問に答えている。ホーレーの考えた書誌学は、広義の書誌学であった。本そのものの研究ばかりでなく本の歴史、成り立ち、それに関わるすべての物語が含まれる。本を手がかりに世界を見ていく。記事ではBibliographer（書誌学者）とあるが、ホーレーの立場は、Philologist（文献学者）であろう。

書物への執着

フランク・ホーレーは、古書の世界では稀覯本の「ブック・コレクター」として名高い。「宝玲文庫」蔵書印は、珍しく上質なものの目印とされている。現在でも古書店の目録には「宝玲文庫」と但し書きが付されているほどである。ホーレーは集書を最終の目的にしていたのではない。集書は手段であり、転売譲渡は新たな集書の一過程にすぎなかった。ホーレーにとって、蔵書は研究のための道具でもあった。心を惹《ひ》かれる研究は常にいくつも頭の中にある。書物に出会うと、新たな研究の構想が生まれる。関心が去れば、その書物を手元に置く必要はない。所蔵が重荷になれば、それは価値のわかるところへ譲られる。今あるものを手放してでも入手したい書物は次々と現れる。大きな書庫を構えられれば、そこに蔵書が溜まってゆく。このようにして、宝玲文庫は育っていったのだ。

ホーレーは、こよなく書物を愛した。書物そのものに細心の注意を払った。痛みやすい和綴じの書物には書帙《しょちつ》を調整し、糸をかがり直し、虫食いを直させた。ほんの少しの虫食いの跡も見過ごせず、「修復のできあがるまで研究はできない」と嘆くホーレーを、グーリックは「不完全な書物を見ることは彼にほとんど肉体的といってもよい苦痛を与えた」と表現している。収集した書物は宝物であった。ホーレーにとって仕事に就くことは、書物を収集し、奪われた書物を奪還するための手段であった。家は本のためにあった。「主人は本で、住人はそのすき間に住んでいた」と照山は青山のホーレー邸の有様を語っている。ハワイ大学への就職を躊躇させたのは、蔵書の移動という問題であった。開戦直前にロンドン大学から招聘《しょうへい》されたときすぐさま帰国しなかったのは、蔵書への愛着ゆえであった。その結果、自身は逮捕拘置され、蔵書は日本政府に接収された。何も持たずに帰国を余儀なくされたとき、急いで大学ノート五冊分の蔵書目録を作成させた。その目録を捕虜交換船の中で毎日眺めていたという。イギリスに帰国してからは、懸命に日本へ戻る道を探った。蔵書を慶応義塾図書館から取り戻すことが、ホーレーにとって再来日の最大の目的であった。そのための特派員であったのである。

日本文化の紹介者として

グーリックが長い追悼文を書いたのは、「日本の研究に大いなる貢献をなした優れた学者が、書き残したものがないために忘れ去られることのないようにとの願い」からであった。これは、貴重な研究を積みながらも、その成果を世に問わなかった友人を惜しむ言葉である。沢山の蔵書を集め、研究を深めながらも、ホーレーが構想したもののほとんどは完成しなかった。ホーレーにとって研究をまとめることは、研究の終結あるいは中断を意味する。ホーレーはずっと研究をし続けたかったのだろう。新しい書物と出会えば、関心はさらに広がり、検討しなければならない課題は増えてゆく。研究を続けるうちに納得が行けば、そのテーマはホーレーにとって輝きを失い興味は次へと移る。また、それが許される経済力と援助があった。仕事としてではなく、自分の興味に忠実に、我儘に研究を進めることができた。ホーレーは著書『日本の鯨と捕鯨』の前書で、チョーサーの『カンタベリー物語』(「オックスフォードの学僧」)を引いて、学恩へ報いることについて述べている。グーリックは、「ある文法学者の葬儀」(ロバート・ブラウニング)をホーレーが愛誦していたという。社会の評価に迷わされず、自ら信じる水準に向かってひたすら厳密に学問する。それがホーレーの理想であったに違いない。

すべての関連書物が、自分の書棚に整然と並ばなければ取り掛かれない。さらに古い版を、より良い本文を、より良い注釈を、と求めてやまないホーレーの完全主義が災いしたとグーリックはいう。ホーレーは極々上質の典籍を手にした。上質の典籍は研究の核心を覗かせてくれる力を秘めている。しかし、上質の追究には限りがない。いま手にしている

図25　書斎のホーレー（山科の自宅）

ものが最上であるという確信は得がたい。原稿が書き上がっても、より厳密な注釈を、より正確な校訂を、と限りがない。ホーレーの完全主義とはそういう種類のものであったのかもしれない。

書物ばかりでなく、関心を寄せた領域の資料をホーレーは可能な限り集めた。和紙に執着した時期には、基本的な和紙文献に始まり、紙の見本から紙布、製作方法の手引書、紙取引の史料にいたるまで集めた。捕鯨文化に関する研究を進めた時期には、「鯨饅頭」の栞《しおり》から鯨の玩具、鯨模様の手拭、鯨料理の品書きまで集めている。琉球に関しては、和書・漢籍・地方文書・瓦版をはじめとして、英語・ドイツ語・フランス語による琉球探検記や研究書、古地図、グラビア雑誌を含めた掲載雑誌はもちろんのこと、紅型の布地や金石文の拓本など、およそ琉球・沖縄に関するものすべてが集められた。「ホーレー「宝玲文庫」は公開されてはいなかったが、志のある研究者の利用には寛容だった。「ホーレーは自分の文庫が恒久的記念碑として残るであろうことを希望し、死後はどこかの機関が買い取り、完全な状態で保存してくれることを望んでいた」が、宝玲文庫は散逸してしまったとファン・グーリックは嘆いている。

ホーレーが最後に望んだのは、自分が生きた証《あかし》として宝玲文庫が残ることだった。グーリックはホーレーの夢はかなわなかったと惜しんでいるが、ホーレーが吟味して集めた本には宝玲文庫の蔵書印が捺され、世界中の文庫に居場所を移した。幸いにも、琉球と和紙についてのみは、ホーレーが集めた元の形を保ち、ハワイと奈良で新しい出会いを重ねている。

あとがき

ひとりの人間が生涯をかけて蒐《しゅう》集《しゅう》した蔵書には不思議な力が秘められている。その人と書物との出会いの積み重ねが、果たせなかった思いが、余熱を保って訪れるものに語りかけてくるからだ。個人の蔵書と、図書館の貴重書やブックコレクターの稀覯本《きこうぼん》とが、大きく異なるところはそこである。フランク・ホーレーが何を基準に琉球に関する資料を集めたのか、言葉としては残されていない。しかし、ホーレーの琉球に取り組む姿勢が、形となって現れたのが、宝玲文庫琉球コレクション（ハワイ大学図書館）である。貴重な写本が重複を厭わず集められている一方で、宿場《しゅくば》の人足帳《にんそくちょう》がある。美術品級の登城行列図と粗末な一枚刷りや瓦版が並んでいる。多様な琉球の世界がそこにあるのだ。それらを蔵書に加えるとき、自分の研究のどこに役立つのか、ホーレー自身もはっきりしていなかったかも知れない。書物に対する広範な知識と経験による「直感」が選び取ったものである。

その時に言葉にならなくとも、「直感」は自分の中で熟成してゆく。思いがけない一冊から次々と構想が広がってゆくこともある。それが書物との出会いである。自分の研究を進めながら、「ホーレーと書物との出会い」をわたしも追体験しているという思いがあった。

近世の日本が外国としての琉球をどのように見ていたかを、わたしは知りたかった。全国の図書館を巡って、近世の琉球関係文献はおおよそ把握していたつもりでいた。しかし、ホーレーが集めた多様な琉球の世界の中で手に取ると、その一冊の持つ異なる意味が見えてきた。一点一点の価値は低いとされる絵入り本や一枚刷りも、琉球物刊行物を全体として見渡せば、重要な意味を持つことに気づかされた。宝玲文庫の上質の異本の異同を詳しく照らし合わせ、刊本の系統を見てゆくことで、江戸期の文人識者が琉球をどのように認識していたか、それがどう変化したかを追うことができた。また、きらびやかな琉球国使節の行列が大名から庶民に至るまで「琉球ブーム」を引き起こし、その繰り返しによって琉球観が定着していったこともわかった。『椿説弓張月《ちんせつゆみはりづき》』（滝沢馬琴）の大人気も、庶民にまで浸透した琉球への憧れが下敷きとなっていたのだ。近代の沖縄の歴史に大きな影響を与えた近世の琉球観に迫ることができたと思っている。わたしの研究にとって、宝玲文庫との出会いはこのようなものであった。新しい視点と出会うとき、宝玲文庫はこれからも新しいものを生み出す可能性を秘めている。

フランク・ホーレーのことを尋ねて、実に多くの方々にお会いした。ある方は目を細めながら懐かしそうに、またある方は厳しい眼差しを向けながら、あの時代を語ってくださった。記憶の片隅に封じ込めていた過去を無理に蘇えらせたこともあったかもしれない。たくさんの断片的な記憶をモザイクのように繫ぎ合わせ、わたしの中でホーレー像が育っていった。お力を貸してくださった方々に、心よりの感謝とともにこの一冊を捧げたい。

ジョン・ホーレー夫妻が幾度かハワイ大学を訪れ、宝玲文庫へ寄付をされた。それを機に「ホーレー基金」がハワイ大学図書館に設けられ、文庫維持の方策が講じられた。このことはホーレーにとって、「宝玲文庫」が残ったことに次ぐ喜びであろう。

この研究を進めるにあたり、平成十三年度・十四年度・十五年度文部科学省研究補助金（基盤研究C）「ロンドン・タイムズ特派員フランク・ホーレーの日本報道と自筆原稿の情報化研究」の交付にあずかった。

二〇〇三年六月

横　山　學

参考文献

石田幹之助「欧米に於ける日本学者」（『国民の歴史』一九四七年九月）
R・H・ファン・グーリック（渡部昇一訳）「英国の一日本研究家の生涯　フランク・ホーレーを悼みて」（『ソフィア』第一二巻二・三号、一九六三年夏・秋号）
R・H・ファン・グーリック（渡部昇一訳）「隠れた日本研究家フランク・ホーレー」（『日本を知る』南窓社、一九七二年二月）
佐々木學「フランク・ホーレーとのこと　出会いから戦後まで」（『新文化』九号、一九八二年）
反町茂雄「大コレクター、フランク・ホーレー」（『蒐集家　業界　業界人』八木書店、一九八四年六月）
福原麟太郎 "*REQUIEM*"（『英語青年』VOL.C V II NO.6）
森田康敬「フランク・ホーレー先生との出会い」（『季刊和紙』第一〇号、一九九四年）
渡部昇一「日本蒐書史の連峰　反町茂雄　中山正善　フランク・ホーレー」（『読書有朋』大修館、一九八一年二月）
Buckley, Roger : *Split Image : Occupied Japan through the Eyes of British Journalist and Authors* Britain & Japan : Biographical Portrats, Japan Library Japan Society Publication, 1994.
Gulik, R. H van : "In Memoriam : Frank Hawley," *Monumenta Nipponica16* : 434-47,1964.

本書の内容に関わる筆者の論考・著書

「宝玲文庫についての覚書き」(『宝玲叢刊』付録、本邦書籍、一九八〇年八月)
「宝玲文庫についての覚書き(その二)」(『宝玲叢刊』付録、本邦書籍、一九八一年五月)
「宮良當壮とフランク・ホーレー」(『宮良當壮全集』月報一七、第一書房、一九八八年四月)
「RYUKYU; A BIBLIOGRAPHICAL GUIDE TO OKINAWAN STUDIES『琉球書誌稿』」(坂巻駿三編著、横山學訳、『生活文化研究所年報』第二輯、一九八八年一一月)
「ハワイ大学「琉球コレクション」成立の経緯」(『生活文化研究所年報』第五輯、一九九一年一一月)
「フランク・ホーレー「琉球コレクション」」(『生活文化研究所年報』第六輯、一九九二年一二月)
「フランク・ホーレーと関西アジア協会」(『生活文化研究所年報』第七輯、一九九三年一二月)
「フランク・ホーレーと和紙研究」(『生活文化研究所年報』第八輯、一九九四年一二月)
「フランク・ホーレーの日本研究と辞書編纂」(『生活文化研究所年報』第九輯、一九九五年一二月)
「フランク・ホーレーと研究社『簡易英英辞典』の編纂」(『生活文化研究所年報』第一〇輯、一九九六年一二月)
「『トラベラーフロム東京』にみるフランク・ホーレーの逮捕・拘留」(『生活文化研究所年報』第一〇輯、一九九六年一二月)
「フランク・ホーレーの家族のこと」(『生活文化研究所年報』第一二輯、一九九九年三月)
「戦前UH(University of Hawaii)文書に見るフランク・ホーレー」(『生活文化研究所年報』第一三輯、二〇〇一年三月)

「開戦時の英国文化研究所とフランク・ホーレー」（『生活文化研究所年報』第一四輯、二〇〇一年三月）
「ロンドン・タイムス特派員フランク・ホーレー（その一）」（『生活文化研究所年報』第一五輯、二〇〇二年三月）
「ロンドン・タイムス特派員フランク・ホーレー（その二）」（『生活文化研究所年報』第一六輯、二〇〇三年三月）
『「神戸貿易新聞」The Kobe Advertiser and Shipping Resister (1979/1/1～6/30)』全二巻（宝玲叢刊第四集、本邦書籍、一九八〇年）
『江戸期琉球物資料収覧』全四巻（宝玲叢刊第四集、本邦書籍、一九八一年）
「フランク・ホーレー探検　人物研究の面白さ」（『文化のダイナミズム』共著　大学教育出版、一九九九年）
Frank Hawley and his Ryukyuan Studies, The British : JAPANESE STUDIES (British Library Occasional Paper II), 1990
Sources of Ryukyuan History and Culture in European, Munchen : Iudicium verla g GmbH, 1997
（註）『生活文化研究所年報』はノートルダム清心女子大学生活文化研究所の刊行。

略年譜

年月日	事項
一八七六・四・三	父アルバート・ホーレー、生まれる
一八八四・一〇・一九	母ジェシカ・フェニー、生まれる
一九〇四・七・九	美野田俊子、美野田琢磨の長女として生まれる
一九〇五・九・二	両親、ストックトンの教区教会で結婚
一九〇六・三・三一	フランク・ホーレー、ストックオンティーズ、スタンレーストリート五六番地に生まれる
一九二四・九	リバプール大学へ進学
一九二六・九	パリ大学研究生
一九二七	学士の学位を受ける
一九二七	ベルリン大学のリサーチフェローとなる
一九二八	ケンブリッジ大学のリサーチフェローとなる
一九三〇	ロンドン大学東洋語学校講師
一九三一・九・一七	九月一八日より一九三四年三月三一日 東京外国語学校雇外語人教師として雇入 月俸三七五円、宿舎料月額四〇円
一九三一・九・一七	荒牧鉄雄と教員室で机を並べる
一九三三	反町茂雄、一誠堂古書店にて初めてホーレーと会う
一九三三・一二	「欧羅巴人の研究したる日本文学」『文芸』一二月号、一一―一二頁

一九三四・一・二五	「欧州に於ける書誌関係雑誌を記し併せて日本古書通信の前途を祝す」『古書通信』創刊号
一九三四・一・二八	「在留外人の「日本研究家」は語る（四）言語学者の立場からホーレー氏との対話」『読売新聞』昭和九年一月二八日
一九三四・一・三一	「ホーレー氏に挑戦する」宮森麻太郎『読売新聞』昭和九年一月三一日
一九三四・二	「日本語の起源に就いて」『改造』昭和九年二月号 一四六－一六〇頁
一九三四・二・二一	「国際文化振興会、宮様を戴き近く誕生、まづ日本芸術を海外へ」『東京日々新聞』昭和九年二月二一日
一九三四・二・二二	「国際文化振興会の使命、機宜の計画」『東京日々新聞』昭和九年二月二二日
一九三四・三	「竹取り物語を読みて」『文芸』昭和九年三月号 一〇〇－一〇七頁
一九三四・三・一	紹介（「雨月物語の英訳」「本草綱目」「おもろさうし」などを収集）『英語青年』第七〇巻一一号、三九四頁
一九三四・三・三一	東京外国語学校、契約満期解雇
一九三四・四・一	第三高等学校、英語雇外国人教師として雇入 月俸四〇〇円
一九三四・四・一一	美野田俊子と結婚。御茶ノ水文化アパートにて、長田秀雄夫妻仲人
一九三四・四・一二	「イギリス人の語学者 大和撫子と結婚」『大阪朝日』昭和九年四月一二日
一九三四・六	リバプール大学大学院修士在籍期限
一九三四・六・二一	「日本雑感」『京都帝国大学新聞』昭和九年六月二一日
一九三四・六・二三	「京の第一印象」『東京日々新聞』昭和九年六月二三日
一九三四・八・一六	江戸川文化アパート、昭和九年八月一六日 完成
一九三四・一〇・一三	「外国人のための大日本語辞典」を国際文化振興会が企画『京都新聞』昭和九年一〇月一三日
一九三四・一一・一三	NHKラジオ講座講師として出演。一一月一三日より二四日まで。他、峰尾都治・久野朔郎・岡

	田哲蔵・舟橋雄・岡部次郎・本多平八郎。毎週、火・木・土、午後六時二五分-五五分まで。昭和九年九月一〇日発行、日本放送協会『秋期英語講座テキスト』昭和九年、八一―八七頁
一九三四・一二・六	「日本研究に結ぶ」『朝日新聞』昭和九年一二月六日
一九三五	葉山の美野田家別荘に移る
一九三五・三	「すっぽん料理」『改造』昭和一〇年三月号 二九三―二九九頁
一九三五・三・三一	第三高等学校、契約満期帰国につき帰国旅費給与、ホーレー 一九三〇円、加えてホーレー五五%増 一〇六〇円五〇銭、夫人旅費 一〇〇〇円
一九三六・一〇・一三	「皇紀二千六百年に三大記念事業」国際文化振興会、『東京朝日新聞』昭和一一年一〇月一三日
一九三六・一二・一六	「江戸川アパートメント」入居、八号館四階五九号室
一九三七・一・一三	『日本アジア協会会報』全冊セットをハワイ大学へ売り込む。「特別表装本である。大きな日本語英語事典を編纂中。東洋研究に強い興味あり。サー・ジョージ・サンソムが自分の研究を高く評価している」
一九三七・三・四	研究社と簡易英英辞典の校閲及び執筆の契約
一九三七・八・一〇	帝国ホテルにシンクレアを訪問
一九三八・三・三	社会党委員長安部磯雄、自宅「江戸川アパートメント」で右翼に襲撃され、負傷
一九三八・三・一八	研究社と再契約。責任校閲を署名
一九三八・七・一〇	「江戸川アパートメント」別室二階五三号室へ転居。旧居住者は、長田秀雄
一九三八・一〇・八	研究社『簡易英英辞典』初版、発刊
一九三九・三・一〇	シンクレアに書簡。「数週間前SOASの日本語部長を受諾した。資格は "reader" で 教授ではない」
一九三九・八	藤森成吉著「渡邊華山」を翻訳 *CULTURAL NIPPON*（日本文化中央連盟）第七巻二号

一九四〇・一	青木聡「英国情報局の正体　日本での暗躍振りを衝く」『話』昭和一五年一月号
一九四〇・一・一七	港区赤坂青山南町五丁目四五、平賀元東京大学総長宅に引っ越す
一九四〇・二	英国文化研究所設立主旨
一九四〇・三	「すっぽん料理」『改造』昭和十年三月号　二九三―二九九頁
一九四一・二・一二	旅券、英国大使館にて発給
一九四一・一二・八	逮捕、巣鴨拘置所
一九四一・一二・二二	敵国財産管理法公布
一九四二・七・三〇	イギリスへ強制送還、捕虜交換船「龍田丸」にて
一九四二・八・二七	交換地ロレンソ・マルケスに到着
一九四二・一〇・一〇	イギリスのリバプール港に帰国
一九四二・一〇・一五	慶応義塾図書館、大蔵省許可により、三井信託銀行を介してホーレーの所有図書　一万七二七三冊を買取る
一九四二・一一・二五	慶応義塾、英国文化研究所蔵書三八三冊を、一五〇〇円で購入
一九四二・一二・一六	リバプール大学より修士学位授与予定の通知
一九四三・五・一〇	慶応義塾、ホーレー蔵書買取　一冊あたり三・五円
一九四四	グイネス、ワシントン英国大使館付き秘書。一九四五年、ロンドンへ
一九四五・五・二五	慶応義塾、空襲。「フランク・ホーレー本、五四〇六冊残る」
一九四五・六・二五	ハワイ大学学長シンクレアより書簡。「アジア研究の増強をしている。参加しないか。近況と将来計画について知らせよ。」
一九四五・八・二三	ブリティッシュ・カウンシルに対して提言書を記す
一九四五・一一・二八	バーリントンワードからザ・タイムズ社へ紹介

一九四六・二・一八	「話に来ませんか？（二一日）木曜日午後五時三〇分。結論を求めていることを了解しています。BW」
一九四六・二・一九	C・R・ボクサーより、二月一二日付書簡の返書。接収財産についての自らの体験談。忠告
一九四六・三・一	五月三一日までザ・タイムズ社、新人研修
一九四六・七・六	日本にむけてロンドンを出発
一九四六・七・二八	東京に到着
一九四六・一一・二八	マッカーサーと会見（最初）
一九四七・二・二二	慶応義塾図書館、ホーレー所蔵書籍の現況概況表作成
一九四七・六・一五	「再建日本と古本」『日本古書通信』昭和二二年六月一五日号
一九四八？	NHK戦後特別企画最初。日本の政党についての座談会。大政党か小政党。中島健蔵（司会）・中野好夫・ホーレー
一九四八？	放送対談番組。参加者、レアン・プルー、リー・チャー、ストラミジュリー、ホーレー
一九四八・二・一	対談、ホーレー・カール・バックマイヤー・大山郁夫「宣言」『日本週報』第七二―七三号
一九四八・二・五	俊子と離婚
一九四八・三・六	グイネス・タンブールと結婚、横浜英国領事館にて
一九四九・一・二七	ホーレーコメント「法隆寺の金堂全焼」『朝日新聞』昭和二四年一月二七日
一九四九・五・一〇	宮良當壮、ホーレー邸を初訪問。（『宮良當壮日記』）
一九四九・五・二二	長男ジョン、東京第四九ゼェネラルホスピタルにて出生
一九四九・六・八	○午前九時半にホーレー氏を訪ふ事、最勝明王経音義の解説に着手す、（第一回）、中食を頂、夕七時帰宅（ハイヤー）『宮良當壮日記』
一九四九・六・二五	「源氏物語と外国に於ける日本文学の研究（英文）」『望郷』第八号

一九四九・七・一	敵産管理本受領（受領書）
一九五〇・一	「探訪記　F・ホーレー先生」*THE YOUTH'S COMPANION* 昭和二五年一月
一九五〇・一・三	「世界に紹介される〝紙漉重宝記〟日本通の英人が翻訳」『日本経済新聞』昭和二五年一月三日
一九五〇・三・二四	「学者巡訪記　応接間に於ける　ホーレー先生」『學苑』第一一巻第三月号
一九五〇・六・六	ホーレー事件発端の記事がザ・タイムズ紙に掲載
一九五〇・六・八	イギリス大使館の国王誕生の宴にて「好ましからざる人物」と告げられる
一九五一・六・二七	ホーレー、代々木上原から猿楽町へ転居
一九五一・七・二〇	外人記者の直言「理性を忘れた？　戦後派の日本女性たち」『読売新聞』夕刊　昭和二六年七月二〇日
一九五一・八・七	外人記者の直言「世界一の優秀さ、やめよ・欧州製本の真似」『読売新聞』夕刊昭和二九年八月七日
一九五一・八・一六	父アルバート・ホーレー死去、七五歳
一九五一・八・二一	外人記者の直言「海渡る古美術、世界を歩け」『読売新聞』夕刊昭和二六年八月二一日
一九五一・九・一四	外人記者の直言「うまい日本の食物、料理法もフランス以上」『読売新聞』夕刊昭和二六年九月一四日
一九五一・九・一九	市川房枝外二名ホーレー邸を訪問『宮良當壯日記』
一九五一・一〇・五	外人記者の直言「崩れゆく自由、―婦人少年局の廃止案をめぐって―、英は歎く〝旧日本の復活〟」『読売新聞』夕刊昭和二六年一〇月五日
一九五一・一〇・二三	外人記者の直言「日本研究の復興、西園寺記念会に期待」『読売新聞』昭和二六年一〇月二三日
一九五一・一一・一二	外人記者の直言「東京温泉二つの怪、建築許可と資金引出し」『読売新聞』夕刊　昭和二六年一一月一二日

一九五一・一一・一九	日本出発、英国へ。二二日頃到着
一九五一・一二・二六	宮良當壯、ホーレー宅を訪れる。最終
一九五一・一二・二七	長女アン、東京聖母病院にて出生
一九五二・二	ザ・タイムズ社を退職
一九五二・三・二四	外人記者の直言「新女王精神で克服、重税・食糧難のイギリス」『読売新聞』夕刊昭和二七年三月二四日
一九五二・五・一	『デーリーテレグラフ』身分証明書「外国報道関係特派員証明書」発行
一九五二・五・九	外人記者の直言「独立を謳歌するな、自由への道は人権維持」『読売新聞』夕刊昭和二七年五月九日
一九五二・六・二	外人記者の直言「古い日本の良さ、望みたい仏教の発展」『読売新聞』夕刊昭和二七年六月二日
一九五二・八・五	「マ司令部・ホーレー事件の内幕」『七つのカーテン』第一集 九月号、鱒書房
一九五二・九・一四	「外人訴訟に初判決、京地裁ホーレー夫人の離婚認む」『京都新聞』昭和二七年九月一四日
一九五二・九・一八	P・D・パーキンス事務所にて鈴木秀三郎に会う。山科の転居先を決定
一九五二・一二・一六	「日本研究に畢生の情熱 永住の決意固める一英人学究、来春早々京大文学部に学位論文提出予定 琉球書目準備中」『大阪読売新聞』京都版昭和二七年一二月一六日
一九五三・一・一三	外国人登録
一九五三・一・一五	△ホーレー氏より転居通知アリ（京都市山科区御陵平林町一―二〇）（『宮良當壯日記』）
一九五三・九	関西アジア協会、研究会発足
一九五三・一二・一三	「国東治兵衛の写本、益田市で十数冊を発見」『毎日新聞』島根版 昭和二八年一二月一二日。この記事でホーレーは益田市へ行く
一九五四・一・一	「国東翁余録」矢富熊一郎著。『やすだ』益田市安田公民館発行。昭和二九年一月一日、九八号。

	自筆本の発見について掲載
一九五四・一・七	「フランク・ホーレー氏（京都）から祝詞。簡潔で充分意を尽くしている。」（『宮良當壯日記』）
一九五四・八・一七	『英国軍医の日記』「一八六四-六五日本における英国軍医の日記」、河北印刷へ注文
一九五四・一〇・一一	『英国軍医の日記』出来上がり、三六頁 一〇〇部 四万二一〇〇円
一九五四・一〇・一三	「在洛の外人の印象 日本の生活様式に親しみ東洋文化を研究」鈴木秀三郎『京都新聞』昭和二九年一〇月一二日
一九五四・一二・一二	「治兵衛の偉業、海外に紹介、「紙漉重宝記」を英訳、ホーレー氏が近く益田へ、島根県安田村大字遠田（現在、益田市）矢冨熊一郎」『毎日新聞』島根版昭和二九年一二月一二日
一九五四・一二・二一	益田を訪問。ジョン、島袋と共に
一九五四・一二・二三	「宣命もスラスラこなす、紙漉重記のフラスク・ホーレー氏益田を訪問 益田駅着 紙漉重宝記の英訳完成、来春早々京都で出版予定」『毎日新聞』島根版昭和二九年一二月二三日
一九五五・三・四	「青い目が見た「日本の心」滞日二〇年の英人学者が世界に紹介、『日本雑記』二が近く刊行」、鈴木秀三郎との関係紹介『毎日新聞』昭和三〇年三月四日
一九五五・三・七	BRITISHER HAWLEY WRITES BOOK ON JAPAN WITH HELP OF JAPANESE, MISCELLANEA JAPONICA I 鈴木秀三郎『デイリー毎日』
一九五五・六・三〇	『日本の鯨と捕鯨』を河北印刷へ注文、「三八四頁 一二五部八万七〇〇〇円」、昭和三六年八月一九日記帳 河北印刷書類 表紙割り付け書有り 鯨肉調味方を含む
一九五六・三・三	見積書。一〇万円分。白石産厚手純楮、大版。二尺×三尺。三一年四月中旬又は下旬、納入
一九五七・二・二三	上野益三書簡、『医譚』の編集者である中野操を近日紹介する。論文の校閲を依頼
一九五七・一〇・七	「鐵眼一切経〝巻末識記集成〟の版木整理完成、明らかになる当時の社会、技官と英人に贈られるホーレー、是澤文化財保護技官と西本願寺にて仏教を研究する」『毎日新聞』昭和三二年一〇

一九五七・一〇・七	「西本願寺で仏教を研究するフランク・ホーレー氏に贈られる。」『毎日新聞』昭和三二年一〇月七日
一九五九・九・八	中村操書簡、『医譚』に書評を書いてくれるのはありがたい。楽しみにしている
一九五九・一二・五	書評「フランク・ホーレー氏の日本における鯨と捕鯨」『學鐙』第五六巻一二号
一九六〇・八	慶応義塾に日本政府よりホーレー本の補償金として、八五万七九五二円入る
一九六一・一・一〇	京都バプテスト病院にて死去、肝臓系疾患
一九六一・一・一二	AP発死亡広告『朝日新聞』昭和三六年一月一二日
一九六一・一・一二	坂巻駿三、ホーレーの死亡記事を読む
一九六一・一・一三	京都花山火葬場にて火葬
一九六一・一・一三	弔辞記事「日本研究家にして、ジャーナリスト」『ザ・タイムズ』
一九六一・一・一四	死亡広告、『デイリー毎日』昭和三六年一月一四日
一九六一・一・一八	弔辞、マルコム・マグリッジ『ザ・タイムズ』
一九六一・一・二九	坂巻駿三と共に山科へ行き琉球コレクションを見る。「重久篤太郎日記」
一九六一・二・二五	宝玲文庫のうちの琉球資料、ハワイ大学へ譲渡決定
一九六一・三・一〇	宝玲文庫琉球資料、ハワイへ向けて発送
一九六一・四・六	東京美術倶楽部において「ホーレー文庫蔵書の展覧入札会」
一九六一・六・一	REQUIEM 福原麟太郎記事『英語青年』第一〇七巻六号
一九六一・七・一	「フランク・ホーレー文庫蔵書について」（敵産本の返還経緯について）『三田文学』七月号（五九五号）
一九六四・一・一三	母ジェシカ、死去

一九六四・二・一八	神戸外人墓地、再度山一一区二号一三番に埋葬

著者紹介

一九四八年、岡山市生まれ

一九八三年、筑波大学大学院歴史・人類学研究科史学日本史専攻博士課程修了（文学博士）

現在　ノートルダム清心女子大学教授

主要著書

琉球国使節渡来の研究　江戸期琉球物資料収覧　琉球所属問題関係資料〈編著〉　神戸貿易新聞〈編著〉　文化の諸相〈共著〉

歴史文化ライブラリー
163

書物に魅せられた英国人
フランク・ホーレーと日本文化

二〇〇三年（平成十五）十月一日　第一刷発行

著　者　横《よこ》山《やま》學《まなぶ》

発行者　林　英　男

発行所　株式会社　吉川弘文館

東京都文京区本郷七丁目二番八号
郵便番号一一三―〇〇三三
電話〇三―三八一三―九一五一〈代表〉
振替口座〇〇一〇〇―五―二四四

印刷＝平文社　製本＝ナショナル製本
装幀＝山崎　登

歴史文化ライブラリー

1996.10

刊行のことば

現今の日本および国際社会は、さまざまな面で大変動の時代を迎えておりますが、近づきつつある二十一世紀は人類史の到達点として、物質的な繁栄のみならず文化や自然・社会環境を謳歌できる平和な社会でなければなりません。しかしながら高度成長・技術革新にともなう急激な変貌は「自己本位な刹那主義」の風潮を生みだし、先人が築いてきた歴史や文化に学ぶ余裕もなく、いまだ明るい人類の将来が展望できていないようにも見えます。このような状況を踏まえ、よりよい二十一世紀社会を築くために、人類誕生から現在に至る「人類の遺産・教訓」としてのあらゆる分野の歴史と文化を「歴史文化ライブラリー」として刊行することといたしました。

小社は、安政四年（一八五七）の創業以来、一貫して歴史学を中心とした専門出版社として書籍を刊行しつづけてまいりました。その経験を生かし、学問成果にもとづいた本叢書を刊行し社会的要請に応えて行きたいと考えております。

現代は、マスメディアが発達した高度情報化社会といわれますが、私どもはあくまでも活字を主体とした出版こそ、ものの本質を考える基礎と信じ、本叢書をとおして社会に訴えてまいりたいと思います。これから生まれでる一冊一冊が、それぞれの読者を知的冒険の旅へと誘い、希望に満ちた人類の未来を構築する糧となれば幸いです。

吉川弘文館

〈オンデマンド版〉
書物に魅せられた英国人
フランク・ホーレーと日本文化

On Demand
歴史文化ライブラリー
163

2018年（平成30）10月1日　発行

著　者　横《よこ》山《やま》　學《まなぶ》
発行者　吉川道郎
発行所　株式会社　吉川弘文館
〒113-0033　東京都文京区本郷7丁目2番8号
TEL　03-3813-9151〈代表〉
URL　http://www.yoshikawa-k.co.jp/

印刷・製本　大日本印刷株式会社
装　幀　清水良洋・宮崎萌美

横山　學（1948～）

ISBN978-4-642-75563-4